股市
猎手

吃定主升浪

空中加油战法精解

钱 瞻 ◉ 主编　　丁力 ◉ 著

四川人民出版社

图书在版编目（CIP）数据

股市猎手：吃定主升浪：空中加油战法精解/钱
瞻主编；丁力著. 一成都：四川人民出版社，2020.8
ISBN 978-7-220-11819-7

Ⅰ.①股… Ⅱ.①钱… ②丁… Ⅲ.①股票投资
Ⅳ.①F830.91

中国版本图书馆 CIP 数据核字（2020）第 043859 号

GUSHI LIESHOU CHIDING ZHUSHENGLANG KONGZHONG JIAYOU ZHANFA JINGJIE

股市猎手：吃定主升浪：空中加油战法精解

钱　瞻　主编　丁　力　著

责任编辑	薛玉茹
封面设计	李其飞
版式设计	戴雨虹
责任校对	舒晓利
责任印制	许　茜
出版发行	四川人民出版社（成都市槐树街2号）
网　　址	http://www.scpph.com
E-mail	scrmcbs@sina.com
新浪微博	@四川人民出版社
微信公众号	四川人民出版社
发行部业务电话	(028) 86259624　86259453
防盗版举报电话	(028) 86259624
照　　排	四川胜翔数码印务设计有限公司
印　　刷	成都蜀通印务有限责任公司
成品尺寸	185mm×260mm
印　　张	14.25
字　　数	260 千
版　　次	2020 年 8 月第 1 版
印　　次	2020 年 8 月第 1 次印刷
书　　号	ISBN 978-7-220-11819-7
定　　价	49.00 元

从 1990 年 11 月以来，我国股市取得了长足的发展，上市公司数量发展到 2019 年年中的 3600 余家，总市值达到 53 万亿元以上，股民数量也同步大幅增长，其间的两轮大牛市更是把股市投资理财理念带进了千家万户。但是，我国股市总体来说却是跌多涨少，广大投资者的投资成绩可以说是惨不忍睹，无数投资者怀着满腔热忱而来，却在市场中尝尽了失败的滋味，找到一条投资的成功之路成了无数投资者最迫切的诉求。

我作为行业人士、一名理科生，在股市摸爬滚打十余年，同样吃尽了苦头，但矢志不渝，总想找到股市运行的规律，就像万有引力那样的股市定律。我理想中的股市规律应该是可以用明明白白的数学方法计算出来的，应该是可以在市场中被反复验证有效的，应该是可以适用于所有投资者的。根据这样的规律制订出的股市投资方法，才是我心目中的普世投资方法，它不要求你眼明手快，不要求你能掐会算，不要求你获得内幕消息，也不要求你拥有高级软件或者独家数据，它只需要一些简单的投资技能外加一颗平常心，就能够让投资者在市场上做到小亏大赚，实现财富增长。

经过不断从市场这个最好的老师那里学习，再加上自己反复思考，我终于摸索出一套可行的投资方法，我将其命名为"均线空中加油战法"（以下简称"空中加油战法"）。我在 2018 年底出版的《主升浪擒牛战法》一书中，首次公开了这一战法相应的交易系统，随着这一年来我在股市上获得新的发现与感悟，在本书中对这一交易系统进行了完善升级。

本书共分五章，内容涉及空中加油战法的基本概念及买卖条件、空中加油战法的实战要点、如何利用空中加油战法捕捉主升浪、空中加油战法的变种长周期空中加油战法，以及如何利用两种战法做空。本套战法的最大特点，是可以举一反三，适用于不同行情和交易品种。为了让读者朋友更好地熟悉和掌握这一套战法，我特地列举了大量的实例，大家可以反复复盘对照。投资无捷径可走，只有多学多练多实战，向前人取经，向市场学习，一步步把自己变成投资高手。

从事了长期的证券投资顾问工作之后，我深感一套成功的投资方法对投资者来说太重要了。生活中人人都知道要先考取驾照才能开车上路，但在股市上太多人没有充分学习股市知识、没有成熟的投资方法就贸然进入股市，很多人还把大部分身家财产都投入其中，这是非常危险的。俗话说，授人以鱼不如授人以渔，我在繁忙的工作之余，放弃休息时间，写作本书就是为了告诉广大普通投资者，如何建立一套科学、高效的投资方法，从而在股市上生存下去。在本书中，我将毫无保留地敞开心扉，向广大投资者公布我的交易系统的最新研究成果，希望能够给各位投资者一点启发。

需要特别提醒的是，文中案例涉及的所有品种，均只作为案例研究教学使用，不构成任何投资建议，据此操作，风险自担。另外，股市交易本无标准可言，读者朋友如有更好的建议，欢迎批评指正。

2019 年 9 月于成都

目　录

第一章
空中加油战法概述

  第一节　空中加油战法的买入条件

均线空中加油战法（以下简称"空中加油战法"）是一套主要依靠K线图上的均线系统进行价格走势分析的交易系统。由于波动具有全息性特征，也就是说，记录价格波动的K线图，无论放大到多大，或者缩小到多小，它的走势特征都是一样的，所以我的这套空中加油战法理论上适合在一切时间周期的K线图上进行分析，例如大到月K线、年K线，小到5分钟K线、1分钟K线。当然，由于A股市场实行T+1的交易制度，太短的时间周期分析对股票来说意义不大，所以本书内容默认以日K线作为分析的基本周期，后续如果需要更大周期或者更小周期的分析，我会特别说明，敬请留意。

首先，我们来看看空中加油战法的买入条件，需要注意的是，我们先要设置好K线图和下面的成交量柱状图。MACD和KDJ是我最常看的也是最简单的技术指标，在主图上面需要设置四条均线，它们分别是：MA5、MA10、MA20、MA60。这在各个股票软件上面一般都是默认的均线设置，在日K线图上称之为：5日均线、10日均线、20日均线、60日均线。当这四条均线形成多头排列时，也就是说，MA5在最上方，其下是

MA10，再往下是 MA20，最下面是 MA60，这时候我把 MA5 和 MA10 之间的距离称为"上线距"，可以通过软件上方 MA5 和 MA10 各自的读数相减得到，把 MA10 和 MA20 之间的距离称为"中线距"，把 MA20 和 MA60 之间的距离称为"下线距"。经过长期反复观察、实战，我发现这四条均线最能够揭示价格趋势的变化。设置好之后，我们来看具体的买入条件，**当一只个股满足了下面全部条件以后即可买入股票：**

1. 股价最近 10 个交易日创最近半年新高。

2. 成交量最好连续放大，上涨时放量，调整时缩量。

3. 四条均线形成流畅的多头排列，其中 MA10、MA20、MA60 这三条均线的运行方向必须向上，而且满足上线距小于中线距，中线距小于下线距的条件。

4. 股价创新高之后第一次从 MA5 上方运行到 MA5 和 MA10 之间，即为多方的"空中加油狙击区"，此时应当果断买入。

下面，我们以 2019 年初的大黑马股东方通信（600776）来一一说明空中加油战法的买入条件。

1. 股价最近 10 个交易日创最近半年新高。

图 1-1-1 是东方通信（600776）在 2018 年下半年的日 K 线走势图，从中可以看到，该股在 2018 年 12 月初继续冲高，创了半年的新高，股价超越了低位区域的 6 月、7 月、8 月、9 月、10 月和 11 月，共六个月。我为什么要把股价创半年新高作为空中加油战法的第一个买入条件呢？这是因为，股价真正要进入主升浪，必须经历一个长时间的低位震荡打压吸筹，但是这一时间太过漫长，其间股价起伏很大，而且总体涨幅并不大，最关键的是上涨阶段也很难预测和把握，所以我的做法就是彻底放弃主升浪之前的所有阶段，只做主升浪。

那么如何才算进入了主升浪呢，经过长期实践发现，股价至少要创半年的新高，才表明股价进入了主升浪，这时候短线上涨的概率最大，总体上涨的幅度最大，上涨的速度也是最快的！此时我们参与其中，获利的机会才是最大的。股价创新高的阶段时长越长越好，例如创一年来新高就比创半年新高更好，创历史新高的股票当然是最好的。那些上市时间不足半年的次新股票，如果创历史新高，也算是满足了这一条买入条件。我们只操作创半年新高的股票，这就规避了市场中的绝大多数风险！而且也最大限度地增加了赢利的可能性、幅度和速度。这里需要说明的是，是否创新高，必须以复权价来看，因为复权以后才是所有投资者买入股票的真实成本，股价的波动也才具有连续性。

图 1—1—1

2. 成交量最好连续放大，上涨时放量，调整时缩量。

从图 1—1—1 中可以看到，该股在 2018 年 11 月底至 12 月初的时候，股价连续拉高，成交量也连续密集放大，远远超过此前半年的成交量水平。我之所以强调成交量必须连续密集放大，是因为成交量是股价上涨必不可少的先决条件，股市流传着一句谚语"量在价先"，说的就是这个道理。当然，成交量放大也有一些注意事项，比如尽量不要出现放巨量的大阴线，因为这往往是弱市之中主力拉高出货的现象。从图 1—1—1 可以看到，东方通信在 2018 年 11 月 29 日第四个涨停板没有封住，就出现了放巨量的大阴线，但此时为什么又不是主力出货呢？原因就在它后面的走势，大阴线之后第一个交易日，它大幅低开在 5 日均线下方，但最后却收出阳线，紧接着下一个交易日又坚决封住涨停板，大阴线之后第三个交易日再创新高，远远突破了大阴线那一天的最高点。能够在短时间内收复大阴线并再创新高，这就说明了这只股票在大阴线那一天是有大主力建仓，吃下了另一些机构卖出的筹码，这才敢于在短时间内再创新高。我们在分析一只股票成交量的时候，必须注意这一点。图1-1-2中该股最后一天的下跌，成交量是明显缩小的，也符合我们的买入条件。

当然，还有一种情况，那就是一些维持长期慢牛的绩优蓝筹股，其大部分股票都被大机构集中持有，因此短线成交量并没有一个明显放量的过程，但这样的股票一般也遵循上涨放量，下跌缩量的规律，如图1-1-2所示。

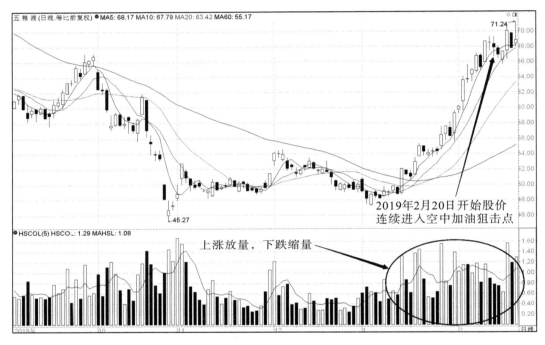

图1-1-2

图1-1-2是五粮液（000858）在2018年下半年到2019年初的日K线走势图，可以看到，该股在2019年2月19日创了半年新高，此后在2月21日、2月22日、2月25日连续回到空中加油狙击点，此时该股的成交量并没有放大太多，只是比2018年整体水平稍高一点，但是该股在一段时期内很明显地表现出上涨时放量，下跌时缩量的走势，因此完全符合空中加油战法的买入条件。

3. 四条均线形成流畅的多头排列，其中MA10、MA20、MA60这三条均线的运行方向必须向上，而且满足上线距小于中线距，中线距小于下线距的条件。

图1-1-3是东方通信（600776）在2018年8月至12月初的走势图，最后一个交易日定格在2018年12月6日，之所以选定这一天，是因为这一天股价刚好回到MA5和MA10之间，全天都在这两条均线之间震荡，可以说出现了非常完美的空中加

油狙击点，我们把时间定格在这一天，可以更直观地看到它当时的技术形态。

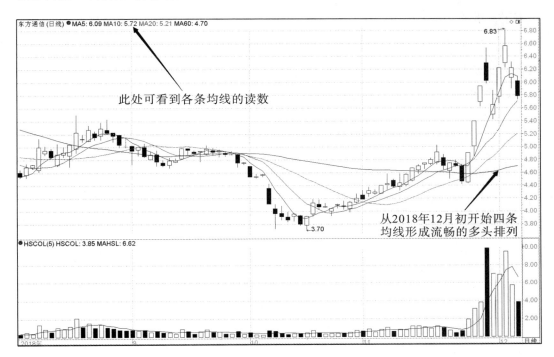

图 1—1—3

从图 1—1—3 中我们可以看到 MA5、MA10、MA20、MA60 这四条均线形成了多头排列，MA10、MA20、MA60 这三条均线运行的方向也是向上的，MA5 略微向下拐头，但这不是我们买入条件所要求的，可以容忍。我们从上方四条均线的各自读数可以算出：

　　上线距＝6.09－5.72＝0.37（元）

　　中线距＝5.72－5.21＝0.51（元）

　　下线距＝5.21－4.70＝0.51（元）

这里我们看到上线距小于中线距，中线距和下线距相等，这应该如何看待呢？我认为应当视为符合买入条件，其原因是图中最后这一天收了一根大阴线，并留下了0.05 元的下影线，而软件上面的各条均线的读数是以收盘价来计算的，我们可以想一想，当该股在盘中下跌到下影线之内，低于收盘价的时候，各条均线的读数会如何变化呢？当然是都会小于这最后的读数，但是每条均线受影响的幅度确实是不一样的，越小的均线受到的影响越大，也就是说，当股价更低的时候，MA5 下降最多，其次是

MA10，然后是 MA20，MA60 下降幅度最小，这样一来，中线距减小的幅度就大于下线距了。也就是说，当盘中股价低于收盘价的时候，中线距都是小于下线距的，只是到了收盘的时候，二者相等了。因此，当盘中价格波动满足了买入条件的时候，我们完全可以买入，不必等到收盘。

4. 股价创新高之后第一次从 MA5 上方运行到 MA5 和 MA10 之间，即为多方的"空中加油狙击区"，此时应当果断买入。

图 1—1—4 是东方通信（600776）在 2018 年 10 月至 2019 年 1 月初的走势图，细心的朋友可能会看到，该股在 2018 年 11 月 30 日和 12 月 5 日这两天，股价也曾经跌破 MA5 从而疑似进入了空中加油狙击点，但是那两天上线距大于中线距，所以并不满足买入条件，大家务必注意甄别。图中后来真正出现了两次非常完美的空中加油狙击点，我标出了这两个空中加油狙击点的位置，除了 2018 年 12 月 6 日这一天以外，此后该股还出现了很好的买入机会。

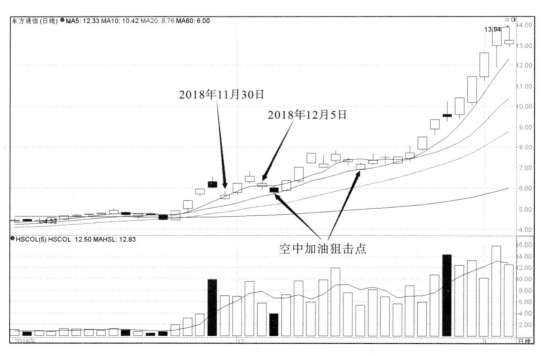

图 1—1—4

图 1—1—5 是东方通信（600776）出现第二个空中加油狙击点的示意图，图中最后一个交易日为 2018 年 12 月 24 日，从图中可以看到，此前的 12 月 14 日该股盘中曾

经跌破 MA5，此时该股的走势仍然全部符合空中加油战法所规定的几个买入条件：创新高是显然的；成交量依然是缩量回踩；均线多头排列，凭肉眼也可以看出此时上线距小于中线距，中线距小于下线距；从第一个空中加油狙击点（12 月 6 日）起该股又创新高，之后股价第一次回到 MA5 和 MA10 之间，是良好的空中加油狙击点，我们依照空中加油战法就可以大胆买入。

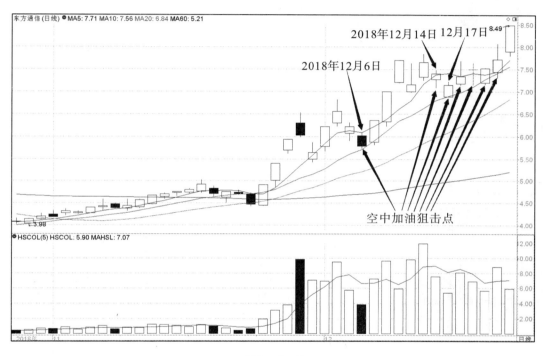

图 1—1—5

　　2018 年 12 月 17 日，股价几乎全天都在 MA5 和 MA10 之间波动，同样也是非常完美的空中加油狙击点，包括以后的几个交易日，都完全符合空中加油战法的买入条件，也都是良好买点。

　　需要特别注意的是，该股从 12 月 14 日到 12 月 21 日盘中回到 MA5 和 MA10 之间，都算是股价 12 月 13 日再创新高之后"第一次"从 MA5 上方运行到 MA5 和 MA10 之间，因为该股在此期间既没有再创新高，也没有跌破 MA20，所以都算是"第一波"回调的多次空中加油狙击点。其中 12 月 21 日股价虽然再创新高，但是当天低开高走，回到空中加油狙击点在前，创新高在后，所以也算是和此前几天"同一次"回到空中加油狙击点。如果股价再创新高，那么再回到空中加油狙击点，不管其间有

几天回到空中加油狙击点，全都算是"下一次"空中加油狙击点。

图1－1－6是东方通信（600776）2018年底至2019年上半年的走势图，我们可以看到该股自从出现了两次空中加油狙击点之后，连续走出暴涨行情，我们依照空中加油战法买入后获利空间巨大！

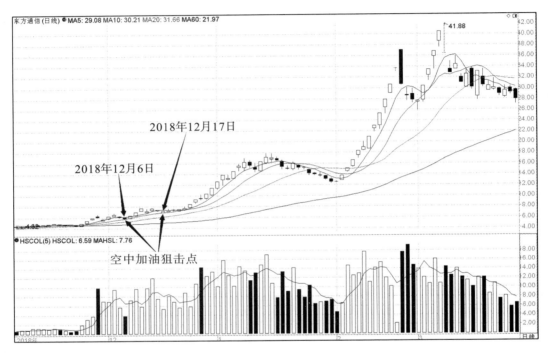

图1－1－6

需要注意，股价回调幅度越小越好，成交量越萎缩越好，最好是以时间换空间，股价横盘等待均线系统向上运行，使得股价被动进入空中加油狙击区，这是最好的买点！下面以金运激光（300220）2018年9月至2019年3月的走势为例加以说明。

图1－1－7是金运激光（300220）2018年9月至2019年3月的走势图，我们可以看到该股从2019年3月初创新高之后股价连续拉升直到3月13日开始强势横盘，其间没有出现较大的下跌调整，而是横盘整理，等着MA10向上靠拢，最后股价被动达到空中加油狙击点，可以说是超强势的个股，这样的走势中出现的空中加油狙击点是良好的买入机会。让我们再看看该股其后的走势。

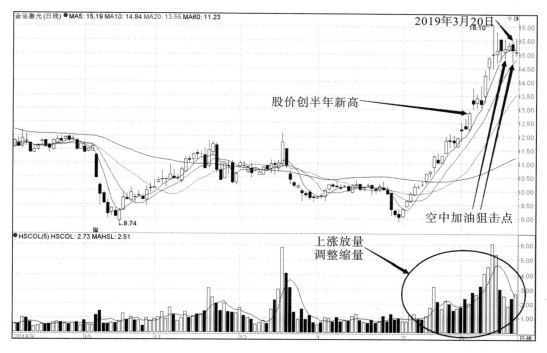

图 1—1—7

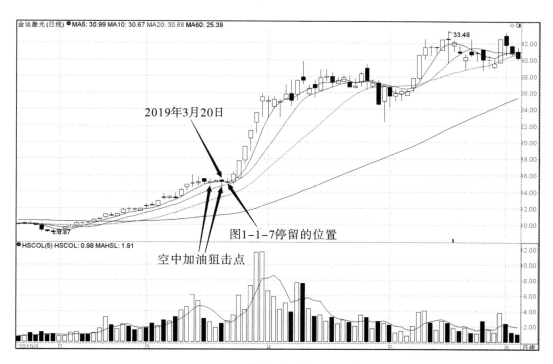

图 1—1—8

图1－1－8是金运激光（300220）连续给出空中加油狙击点之后的走势图，我们可以看到该股在连续给出空中加油狙击点之后展开了一轮暴涨，先是拉出一根6％的大阳线创出新高，然后连续拉出四个涨停板，第五天盘中也触及涨停板，短短几个交易日上涨空间最大接近70％。

在实战当中，由于股价的波动变化万千，可能形成很多特殊的技术形态，因此在实战操作中还需规避一些特殊的不利状况，在这些状况下即使出现了空中加油狙击点，投资者也应该谨慎起见降低仓位，甚至放弃操作，具体情况将在下一章的实战买点判断技巧中介绍。

第二节　空中加油战法的卖出条件

买入股票之后，判断何时卖出还是继续持有，无疑是最关键的问题。我们在股市上常常听到一句话，"会买是徒弟，会卖才是师父！"这充分说明了判断何时应该卖出股票的重要意义，大多数股民的亏损都是因为不会判断卖出时机而造成的。卖出是投资的最后一环，也是最重要的一环。空中加油战法的卖出条件也是我经过血的教训总结出来的，主要有如下五条。

1. 股价连续三天盘中跌破MA10，或者收盘价跌破MA20，或者盘中跌破MA60。

2. MA10的运行方向拐头向下。

3. 股价大幅拉升，造成某一时刻的上线距大于中线距。

4. 股价经历持续上涨后进入历史重要阻力位，或者出现放量大阴线。

5. 根据简单技术指标和时间窗口寻找卖点，例如MACD指标顶背离，KDJ指标超买，农历节气冲高回落等。

要特别注意：如果出现卖出条件的当天股价封住涨停板，那么可以继续持有，第二个交易日再观察卖出条件是否依然成立，如果还是成立就应该卖出。

空中加油战法在买入时要求股票走势满足全部条件才能买票，但是卖出条件就不同了，**以上卖出条件只要符合其中任意一条就可以选择卖出**，这是因为我们必须永远把资金安全放在第一位，只要出现一种不利条件我们就应该退出观望！还要注意，如果股价封死涨停板，那么暂时不用卖出，直到涨停板打开后，如果卖出条件仍然成立，再行卖出。如果以上卖出条件一条都没有出现，那么我们就应该放心持有，让利润飞奔。

下面我就一一举例说明每一条卖出条件的具体应用。

1. 股价连续三天盘中跌破 MA10，或者收盘价跌破 MA20，或者盘中跌破 MA60。

（1）股价连续三天盘中跌破 MA10 的时候还需重点注意如下情况。

我们在收盘后看到的 MA10 的位置是按照收盘价来计算的，在盘中的时候它并不是这个位置，这就可能造成收盘后看到跌破 MA10 了，但是在盘中的时候它并没有跌破 MA10，这就是假信号，下面举例说明。

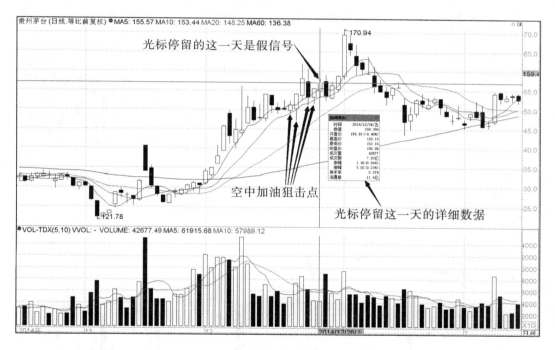

图 1—2—1

图 1—2—1 是贵州茅台（600519）在 2014 年下半年一段时间的走势图，图中光标停留在 2014 年 12 月 26 日，从图中可以看到当天该股的最低价为 153.16 元，收盘价为 156.99 元，收盘时 MA10 为 153.44 元，从这个数据来看好像最低价确实跌破了 MA10，但这只是静态地看问题。我们应该知道当天股价达到最低价的时候，其 MA10 的位置还将向下调整，具体调整数据计算如下：

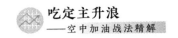

MA10 的位置在 153.44－（156.99－153.16）÷10＝153.057（元）

这样，在股价当天达到最低价 153.16 元的时候，MA10 的位置在 153.06 元，因此股价并未跌破 MA10。该股从 2014 年 12 月 19 日开始不断给出空中加油狙击点，图中只标出了光标前的一个，12 月 24 日和 25 日股价连续两天跌破了 MA10，如果 12 月 26 日也被错判为跌破 MA10，则可能错误卖出，其后的两天股价也同样跌破了 MA10，这样就很容易造成错判，从而错过后面股价的拉升，一定要特别注意。

下面我们来看一个股价明确无误连续三天跌破 MA10 的案例。

图 1－2－2 是东方通信（600776）2018 年底至 2019 年初的走势图，我们可以看到该股从空中加油狙击点开始一轮暴涨行情，到了 2019 年 1 月 18 日、1 月 21 日、1 月 22 日连续三天该股盘中都跌破了 MA10，出现卖出条件，此时就应该果断卖出清仓。

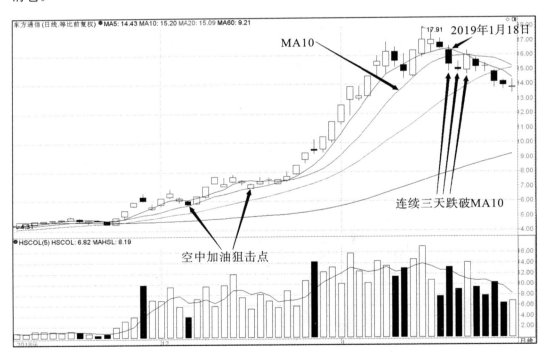

图 1－2－2

下面再看两例。

图1－2－3是五粮液（000858）2017年下半年的走势图，我们可以看到该股在 2017年10月17日出现了良好的空中加油狙击点，同时连续两天盘中跌破MA10，但是第三天开始向上拉升，差点出现卖出信号。经过连续一个多月的上涨之后，该股在 11月17日、11月20日、11月21日连续三天盘中跌破MA10，卖出信号出现，此时应该果断卖出。

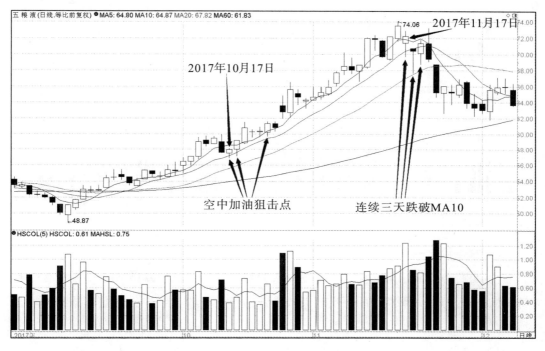

图1－2－3

图1－2－4是振东制药（300158）在2016年9月至12月的走势图，我们可以看到该股在2016年11月15日、11月16日和11月18日盘中回调都出现了空中加油狙击点，但是股价向上拉升幅度不大，并且在11月24日开始连续三天盘中跌破MA10，第二天和第三天收盘也跌破了MA10，卖出信号出现，此时应该果断卖出。这也是该股的历史最高点，只要依据卖出条件及时卖出股票，就不会被套牢在高位。

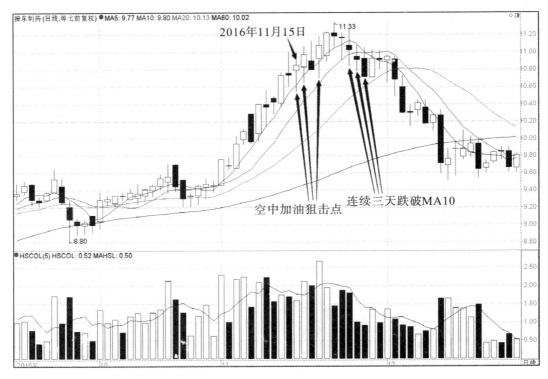

图 1—2—4

（2）收盘价跌破 MA20。

这也是趋势可能结束的信号，需要注意的是，股价在盘中跌破 MA20 的时候还可以暂时观望，但是如果跌破的幅度较大，或者已经接近收盘，那么还是应该果断卖出股票。

图 1—2—5 是中色股份（000758）2014 年底至 2015 年初的走势图，我们可以看到该股在 2014 年 12 月 31 日出现了一个空中加油狙击点，此后拉出一根大阳线创新高，但是此后股价并没有连续拉升，而是高位震荡之后选择了向下探底。2015 年 1 月 14 日，该股跌破了 MA20，此时就应该止损卖出。即使后市又再次上涨，也不能因此就不执行卖出计划，因为破位后的股价走势，脱离了我们的掌控，后市是否能够重新拉起来是不确定的。

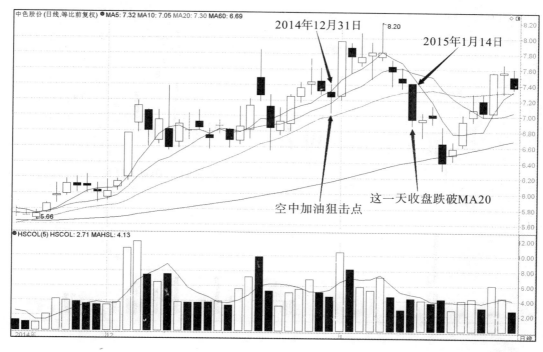

图 1—2—5

（3）盘中跌破 MA60。

在均线多头排列并且三条较长的均线方向都向上运行的情况下，一般都会先出现前面两个卖出条件，不出现前面两个卖出条件而直接跌破 MA60 是非常罕见的，设置这样一个卖出条件主要是为了提醒投资者，尤其是在出现了前面两个卖出条件之后仍然心存侥幸的个别投资者，股价一旦跌破 MA60 就是完全破位了，必须无条件止损！

2. MA10 的运行方向拐头向下。

这也是趋势已经结束的信号，当然，某些个股的走势也可能 MA10 拐头向下但趋势并没有结束，出现这样的情况也没有关系，因为大多数情况下 MA10 拐头向下都会导致股价出现很大的调整，卖出股票就是规避可能的下跌风险，我们只按照大概率的走势进行操作。下面举例说明。

图 1—2—6 是舒泰神（300204）2018 年底至 2019 年 5 月的走势图，该股在 2019 年 3 月 22 日之后连续几天都出现了空中加油狙击点，此后经过一轮大幅拉升，MA10 也同步持续大幅向上运行，到 4 月 23 日这一天开始拐头向下，所以就算当天收盘股价回到 MA20 上方也应该卖出股票，因为 MA10 拐头向下是趋势已经结束的信号，我们可以在接近收盘时从前后两天上方的 MA10 读数中清楚地看到这一点，此时应该选择卖出清仓。

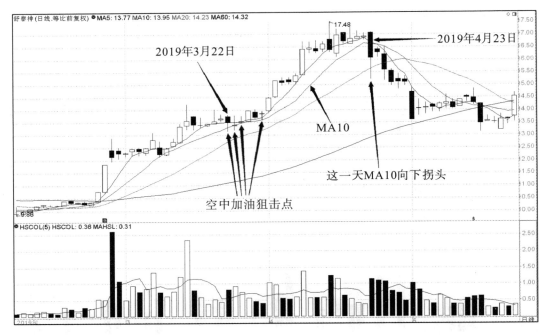

图 1—2—6

3. 股价大幅拉升，造成某一时刻的上线距大于中线距。

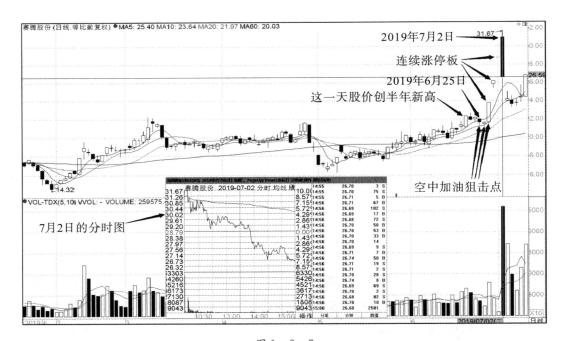

图 1—2—7

图1-2-7是赛腾股份（603283）2018年底至2019年7月的走势图，该股在2019年6月25日、6月26日、6月27日三次出现了空中加油狙击点，此后该股连续三天封住涨停板，到了7月2日这一天，从当天的分时图可以看到该股早盘仍然短暂封住涨停板，但很快被打开，此时我们观察上方各条均线的读数，可以计算得到：

上线距＝25.40－23.64＝1.76（元），中线距＝23.64－21.97＝1.67（元），上线距大于中线距，出现了第三种卖出条件，而且这还是当天股价在收盘时大跌7％以上的时候各条均线的读数算出的结果。试想在早盘涨停板刚打开时，各条均线的读数应该比收盘之时更高，而且周期越小的均线，向上修正的幅度就更大，因此当时的上线距超过中线距的幅度更大，也因此，卖出条件也就更加充分。

下面再看一个案例。

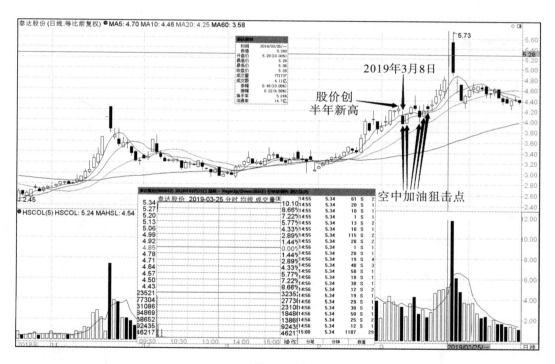

图1-2-8

图1-2-8是泰达股份（000652）2018年底至2019年4月的走势图，该股从2019年3月8日开始连续多日出现空中加油狙击点，其中有两次连续两天跌破MA10，但是没有出现连续三天跌破的卖出信号，此后该股连续拉升创新高。从2019年3月25日的分时图可以看到，该股当天封住了涨停板，此时我们观察上方各条均线的读数，

可以计算得到:

上线距＝4.70－4.46＝0.24（元），中线距＝4.46－4.25＝0.21（元），上线距大于中线距，出现了第三种卖出条件，但是由于该股当天封住涨停板，可以暂时持有等待第二天再行决定是否卖出。第二天如果股价继续创新高，那么周期更短的均线向上运行的幅度将会更大，也就是说上线距会比中线距变得更大，所以第二天股价向上也必然符合第三种卖出条件，投资者唯一需要关注的，就是第二天是否能够再次封住涨停板，当在第二天盘中发现不能封住涨停板的时候，投资者可以随时选择卖出。

4. 股价经历持续上涨后进入历史重要阻力位，或者出现放量大阴线。

历史重要阻力位往往都有大量的历史套牢盘，对股价上涨形成了巨大的阻碍作用，股价进入历史重要阻力位一般都会经历长时间的复杂调整，因此主动选择卖出也是最好的选择。高位放量大阴线往往是主力机构拉高出货的标志，尤其是经历长时间大幅上涨之后，这样的形态很可能是见顶的标志，因此应该卖出。下面举例说明。

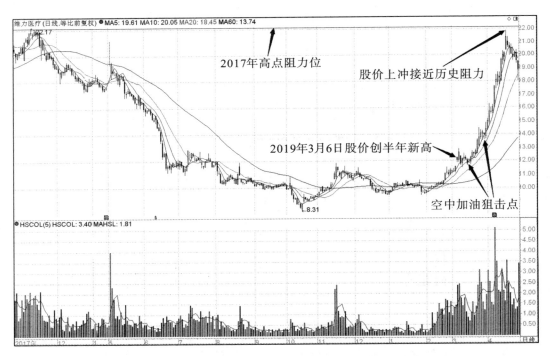

图 1－2－9

图 1－2－9 是维力医疗（603309）2017 年底至 2019 年上半年的走势图，该股在 2019 年 3 月 7 日创半年新高之后股价持续走强，均线系统也形成了标准的多头排列，

并在此后多次出现空中加油狙击点，给出绝佳买点。经过一波连续拉升之后，该股上涨至接近 2017 年下半年重要的双顶位置，这里就是历史重要阻力位了，此时可以主动卖出，从而尽可能地规避此后的调整。

再来看一个高位放量大阴线的案例。

图 1—2—10 是仙坛股份（002746）2018 年底至 2019 年上半年的走势图，该股在 2019 年 1 月 31 日创半年新高之后股价持续走强，均线系统也形成了标准的多头排列，并在此后多次出现空中加油狙击点，给出了较好的买点。经过两个多月的持续拉升之后，该股在 3 月 13 日拉出第三个涨停板，但当天涨停板打开，并放出阶段性巨量，当天的成交量达到了此前一段时间的两倍左右，虽然没有出现前三种卖出条件，但是当天的走势很明显是大资金出货的结果，因此应该果断卖出。

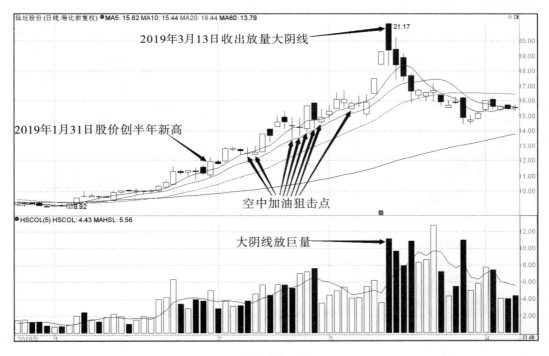

图 1—2—10

5. 根据简单技术指标和时间窗口寻找卖点，例如 MACD 指标顶背离，KDJ 指标超买，农历节气冲高回落等。

（1）MACD 指标顶背离。

这是指股价再创新高的时候，MACD 指标的两条线 DIF、DEA 不能突破前一波高点的位置，尤其是其中最高的那条线 DEA。如果在股价刚创新高的时候出现了顶背离，那么此时需要看 MACD 指标的红绿柱，如果是绿柱，则直接卖出股票。如果是红柱，则在红柱不断放大的情况下可以继续持有股票，等到红柱缩短的时候，如果 MACD 指标最高的那条线 DEA 还没有创新高，也应该卖出股票。下面举例说明。

图 1—2—11 是冰轮环境（000811）2018 年底至 2019 年 4 月的走势图，为了更好地观察 MACD 指标，我们特别将 MACD 指标图形放大，可以看到该股从 2019 年 3 月 8 日第一次给出了空中加油狙击点，之后股价逐级走高，其中 4 月 11 日，虽然盘中也创出新高，但是收盘价没有创新高，此时可以持股观察。在 4 月 17 日收盘价创新高之后，MACD 指标的两条线都没有突破前期的高点，当天 MACD 指标放出红柱，仍然可以暂时持有，等到 4 月 22 日红柱开始缩短，而且此时 MACD 指标仍然保持顶背离，这时就应该果断卖出股票。下面继续看该股后期的走势。

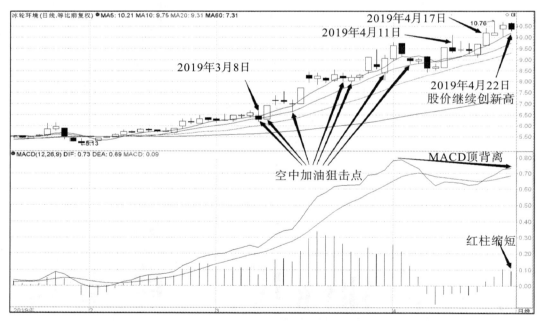

图 1—2—11

图 1—2—12 是冰轮环境（000811）在 MACD 指标顶背离之后的走势图，可以看到，该股第二天盘中冲高略创新高之后开始大幅调整，如果在 MACD 指标顶背离后卖出，基本卖在最高点。

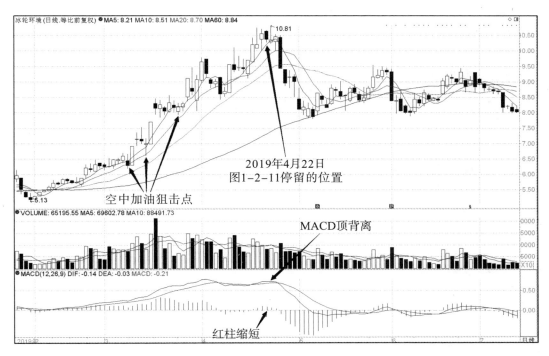

图 1-2-12

（2）KDJ 指标超买。

这是指经过一段时间的连续上涨之后，随着股价大涨，KDJ 指标的 J 值突然向上达到了 100，或者 98 以上接近 100 的区间，说明 KDJ 指标达到了超买的区间，后面很可能会回落，此时应该卖出股票。下面举例说明。

图 1-2-13 是峨眉山 A（000888）2018 年 11 月至 2019 年 4 月的走势图，该股从 2019 年 2 月开始稳步上涨，并在中途数次出现空中加油狙击点，此后在 3 月 7 日这一天，KDJ 指标的 J 值达到了 98.89，出现短线超买的信号，第二天股价大跌 5% 以上。但是该股的趋势还没结束，此后又继续拉升，在 3 月 22 日当天股价再次大涨创新高，KDJ 指标的 J 值达到了 100，此时又出现超买的信号，此后股价进行了连续数日的调整。

此后，该股再创新高，4 月 4 日，KDJ 指标的 J 值达到了 98.28，第二天该股开盘又再创新高，当时的 J 值很可能已经上行到了 100 以上，因为收盘跌下来，所以图上显示的是当天收盘时 KDJ 指标的 J 值，数值已经下跌了，但在盘中也非常标准地提示了 KDJ 指标超买的卖出点。

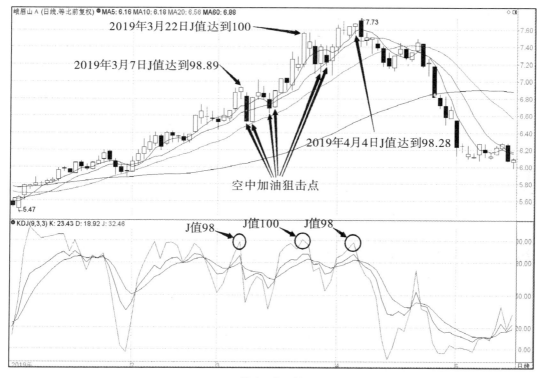

图 1-2-13

（3）时间窗口变盘向下。

时间窗口理论又称时间之窗，最初由美国早期投资大师威廉·江恩首先引入来分析股市运行的周期，后来又有波浪理论等众多技术分析方法使用这一概念，并发展出斐波那契数列周期、黄金分割法等。其理论基础发端于天文学的可公度性，原意是指所有天体的运行周期都符合某种数学公式，后来有人发现人类社会的方方面面，包括股市运行的周期也符合某种数学公式。我国著名地球物理学家、知名预测论专家、中科院院士，已故的翁文波先生长期从事以自然灾害为主的预测理论研究，在理论和实践上都取得了丰硕的成果，成为我国预测学的一代宗师。翁老先后发表了《可公度性》《预测论》等大量论著，他认为，可公度性并不是偶然的，它是自然界的一种秩序，不仅存在于天体运动中，也广泛存在于自然和社会现象中。他总结了元素的相对原子质量、地震水灾时间，甚至股市的周期数据，提出了一种预测论，简而言之，就是通过对历史事件发生的时间周期进行计算，来预测一件事情的发生。这一理论目前还无法从科学的角度进行证明，但已发生的无数事例验证了其准确性，因而在股市技术分析上面经常被用来进行对个股和大盘运行周期的预测。

时间窗口理论非常复杂，可能引发变盘的时间窗口很多，本书的宗旨不是依照该理论进行投资，只是在遇到明显的时间窗口的时候注意规避风险。实战中，我只关注那些可以明确具体时点的时间窗口，那就是二十四节气日和农历每月的初一、十五，也就是朔望日。这些时间窗口的原理是天体运行到了特殊位置时，会对地球生物乃至于人类社会产生影响，在金融市场上这些时间窗口附近容易发生转折性变化，俗称变盘。因此，我们买入的股票经过一段时间的上涨之后，在临近时间窗口的时刻出现了冲高回落的走势，尤其是碰到了历史重要阻力位，或者伴随放量下跌等情况，投资者最好先行出货，以规避后市可能的变盘调整。

这种情况，尤其是农历每个月的朔望日（农历每月的初一、十五），以及二十四节气日等敏感时点，加之个股出现了冲高回落、长上影线、大阴线、放量下跌等不利情况，都意味着股价很可能短线见顶，此时应该卖出股票。下面举例说明。

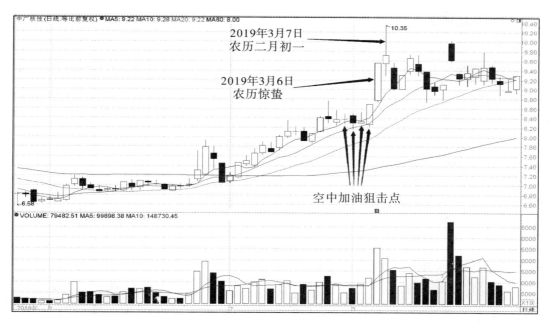

图 1—2—14

图 1—2—14 是中广核技（000881）2018 年底至 2019 年上半年的走势图，该股在 2019 年 2 月 25 日创半年新高之后股价从 2 月 28 日到 3 月 5 日连续四个交易日回到空中加油狙击点，给出买入机会。3 月 6 日当天涨停，3 月 7 日冲高回落留下了长上影线，这一天通过查询万年历可以看到是农历二月初一，前一天又是节气惊蛰，都属于敏感的时间窗口，因此可以选择卖出。

第三节　设置通达信软件自动选股

以上两节我提出了空中加油战法的具体买卖条件，但是在实际运用之中投资者还会遇到许多问题，首先就是选股，截至 2019 年 8 月，沪深两市个股有 3800 只左右，以后还会越来越多，如何快速、高效、准确地选出符合我们买入条件的个股，成为当务之急。在本节中，我将告诉投资者，如何使用通达信软件的"条件选股公式"功能，快速地选出符合空中加油战法的目标个股。使用通达信条件选股公式选股的方法具体如下。

1. 打开公式管理器。

在通达信软件主页上用鼠标点击左上角的"功能"，在下拉菜单中用鼠标对准"公式系统"，然后右边会弹出方框，用鼠标右移点击"公式管理器"，打开公式管理器，也可以使用快捷方式，在键盘上面先后按住 Ctrl＋F，也可以打开公式管理器，如图1－3－1所示。

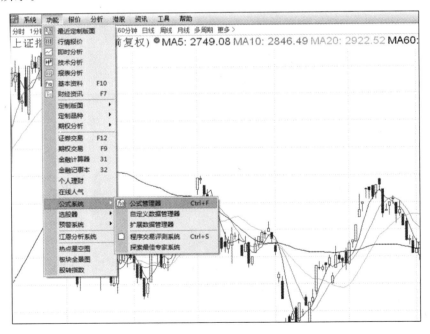

图 1－3－1

2. 编写选股公式。

在弹出的公式管理器之中点击选中"条件选股公式"，然后再点开右上角的"新建"，就可以编写选股公式了，如图1—3—2所示。

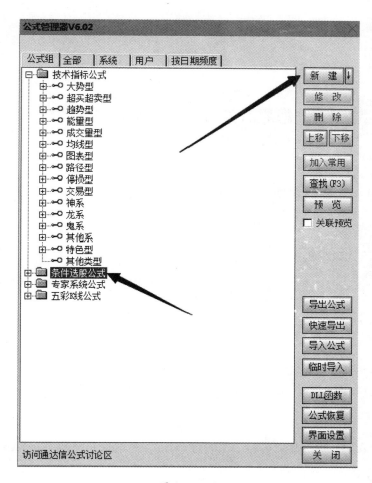

图1—3—2

3. 编辑选股条件。

在弹出的"条件选股公式编辑器"中进行选股条件的编辑。我编辑了一个名为"空中加油"的选股公式，如图1—3—3所示。

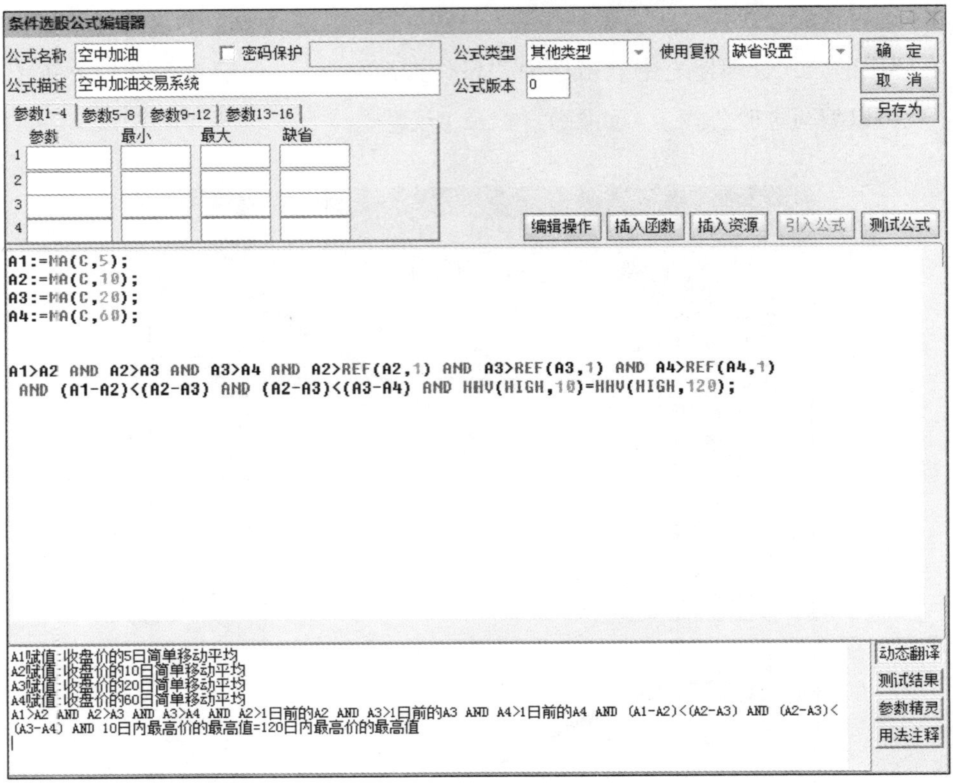

图 1－3－3

公式的代码如下（注意其中的空格）：

A1：＝MA（C，5）；A2：＝MA（C，10）；A3：＝MA（C，20）；A4：＝MA（C，60）；

A1＞A2 AND A2＞A3 AND A3＞A4 AND A2＞REF（A2，1）AND A3＞REF（A3，1） AND A4＞REF（A4，1）AND（A1－A2）＜（A2－A3）AND（A2－A3）＜（A3－A4） AND HHV（HIGH，10）＝HHV（HIGH，120）

其含义是：首先赋值空中加油战法要求的四条均线，然后选出符合四条均线多头排列，MA10、MA20、MA60 向上运行，上线距小于中线距，中线距小于下线距，最近 10 个交易日最高价创最近半年新高的股票。

需要注意的是，我没有设置股价回到 MA5 和 MA10 之间，为什么呢？

因为我们选股的时候可能以上编入公式的条件都符合，但是股价并没有回到空中加油狙击点，因此我们可以先将其选出来，等到盘中股价回到 MA5 和 MA10 之间再来决定是否买入。

4. 进行选股。

在通达信软件主页上面用鼠标点击左上角的"功能"，在下拉菜单中用鼠标对准"选股器"，然后右边会弹出方框，用鼠标点击"条件选股"，就可以打开条件选股功能框，也可以使用快捷方式，在键盘上面先后按住 Ctrl＋T，也可以打开条件选股功能框。如图 1－3－4 所示。

图 1－3－4

5. 选出可操作的股票。

在打开的"条件选股"方框中，首先在"条件选股公式"右边的下拉菜单中选择我们设置好的空中加油公式，再点下面的"加入条件"，勾选下方的"剔除当前未交易的品种"和"剔除 ST 品种"，最后点击右下方的"执行选股"，软件自己就会开始下载数据，下载完毕后就可以自动选出我们找寻的股票了，如图 1－3－5 所示。

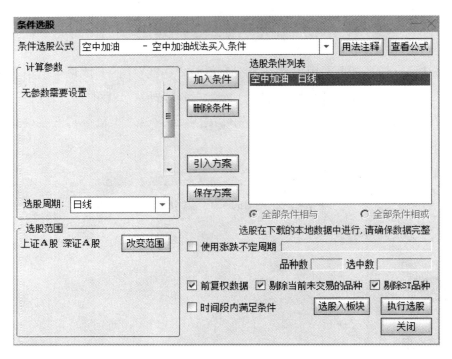

图 1－3－5

图 1－3－6

将用以上方法选出的股票存放在软件默认的"临时条件股"文件夹之中，我们也可以自己设置一个文件夹存放，具体方式为：在图1-3-5中点击"选股入板块"，会弹出一个方框"请选择板块"，在其中点击"新建板块"，输入名称"空中加油"，然后点击"确定"，即开始下载数据、选股，如图1-3-6所示。

选出的股票就放在"自定"——"空中加油"文件夹之中，可在软件自选股版面打开，如图1-3-7所示。

19	601899	紫金矿业	R	2.98	3.46	0.10	3.46	3.47	225.1万	48620	-0.56	1.17	3.40	3.49	3.33	3.
20	600988	赤峰黄金		9.64	7.39	0.65	7.38	7.39	131.5万	36743	0.82	9.22	6.71	7.39	6.65	6.
21	000758	中色股份	R	1.38	4.41	0.06	4.41	4.42	199720	4495	0.00	1.01	4.35	4.49	4.26	4.
22	300063	天龙集团		-1.62	4.26	-0.07	4.25	4.26	293916	5402	0.00	5.05	4.44	4.47	4.24	4.
23	300726	宏达电子		1.21	26.85	0.32	26.85	26.85	46384	1019	-0.18	4.21	27.09	27.19	26.30	26.
24	002655	共达电声		0.68	10.35	0.07	10.34	10.35	122607	1239	0.19	3.41	10.50	10.55	10.11	10.
25	600398	海澜之家	R	2.10	6.31	0.13	6.31	6.32	87944	4087	-0.15	0.20	6.23	6.33	6.18	6.
26	603266	天龙股份		2.06	10.41	0.21	10.41	10.42	24997	195	0.29	1.28	10.35	10.43	10.14	10.
27	601137	博威合金	R	-0.97	12.21	-0.12	12.21	12.22	71481	643	-0.07	1.16	12.48	12.56	11.86	12.
28	601058	赛轮轮胎		3.95	3.95	0.15	3.95	3.96	202125	1450	0.00	0.97	3.98	4.01	3.85	3.
29	603703	盛洋科技		-2.85	18.75	-0.55	18.75	18.79	170697	1992	-0.52	6.49	19.41	19.50	18.75	19.
30	002468	申通快递		-0.76	16.90	-0.13	16.90	16.93	58628	1438	-0.28	0.38	17.20	17.25	16.74	17.
31	000988	华工科技	R	0.79	22.93	0.18	22.93	22.94	333185	6302	0.31	3.31	23.25	23.34	22.50	22.
32	002726	龙大肉食	R	0.33	6.15	0.02	6.15	6.16	35976	1018	0.16	0.98	6.18	6.21	6.00	6.
33	000681	视觉中国	R	9.98	16.75	1.52	16.75	—	232999	2317	1.09	3.51	15.78	16.75	15.78	15.
34	603031	安德利		-1.07	36.01	-0.39	36.00	36.01	14713	159	0.00	1.32	36.78	37.21	35.30	36.
35	600426	华鲁恒升	R	-1.07	15.76	-0.17	15.74	15.76	161385	5210	0.19	1.00	16.09	16.12	15.30	15.
36	601882	海天精工		10.00	7.26	0.66	7.26	—	67972	716	0.00	1.30	6.67	7.26	6.62	6.
37	603936	博敏电子	R	-0.74	18.82	-0.14	18.81	18.82	61868	1169	0.21	2.31	19.15	19.20	18.57	18.
38	603978	深圳新星		1.33	22.03	0.29	22.03	22.04	20711	246	0.00	2.72	21.96	22.22	21.63	21.
39	002185	华天科技	R	-3.17	11.62	-0.38	11.61	11.62	196.9万	31233	-0.08	7.19	12.16	12.23	11.48	12.
40	600118	中国卫星	R	-1.73	31.26	-0.55	31.25	31.26	287174	5074	0.26	2.43	32.00	32.32	30.75	31.
41	600011	华能国际	R	1.16	4.37	0.05	4.37	4.38	198337	1	空中加油	51		4.35	4.40	4.31	4.
42	600315	上海家化	R	-0.19	26.88	-0.05	26.88	26.89	60612		自定义板块设置			27.04	27.26	26.25	26.

分类▲ A股 中小 创业 科创 CDR▲ B股 基金 债券▲ 股转▲ 板块指数 自选 板块▲ 自定▲ 港股▲ 期货▲ 港股通 股票期权▲ ◀│

图1-3-7

选出符合条件的股票后，就可以进行下一步的精选及操作了，我一般在每个交易日的中午和下午收盘后都进行一次选股，下午收盘后选出的个股进行分析后把具有操作价值的股票加入到操作的备选股票池，每天早上和盘中就重点关注这些股票，中午如果选出新的符合条件的个股，再进行重点分析，然后纳入备选股票池。

第四节 设置通达信软件买卖箭头信号

选出目标个股之后，判断该股当时是否符合我们的买卖条件，也是一件比较重要的事情，因为我们的买入条件之中包含了上线距小于中线距，中线距小于下线距这个条件，投资者很难一眼判断出来是否符合。本节我会介绍在通达信软件上面，如何使用"专家系统公式"来设置一个主图买卖箭头，从而快速判断个股是否符合空中加油战法买卖点。

在通达信软件上设置专家系统公式的买卖箭头方法如下：

在图1－3－2所示的公式管理器之中点击选中"专家系统公式"，然后再点开右上角的"新建"，就可以编写专家系统公式了，如图1－4－1所示。

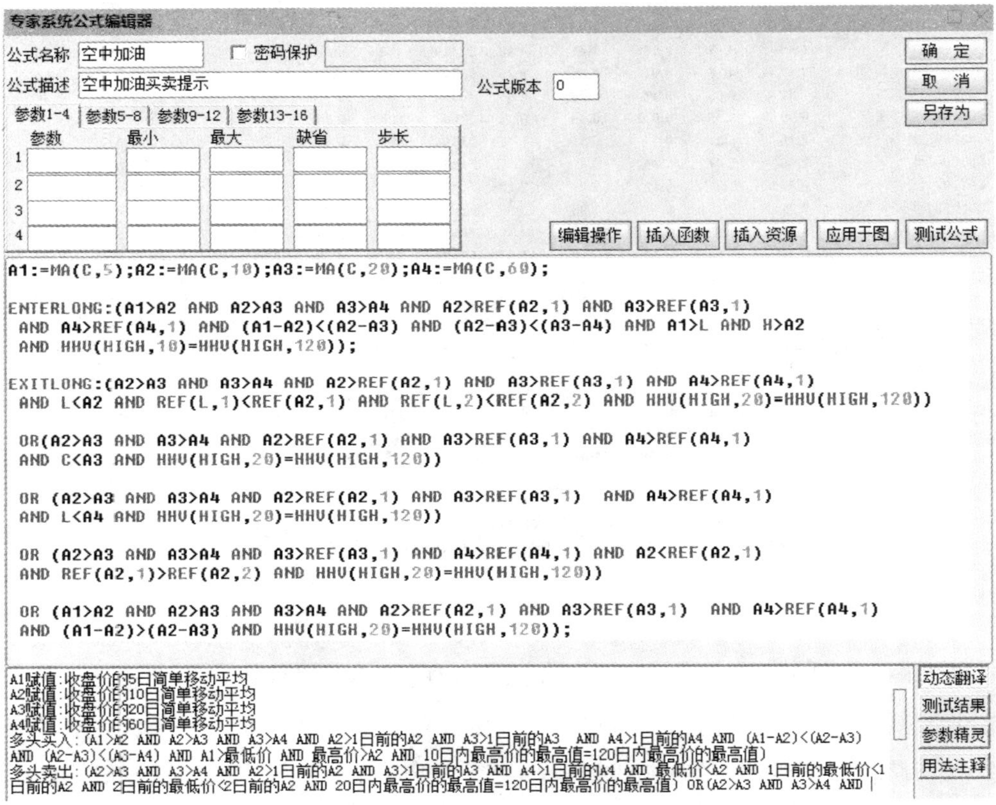

图1－4－1

图1－4－1是我编辑的空中加油买卖提示公式，其代码如下：

A1：＝MA（C，5）；A2：＝MA（C，10）；A3：＝MA（C，20）；A4：＝MA（C，60）；

ENTERLONG：（A1＞A2 AND A2＞A3 AND A3＞A4 AND A2＞REF（A2，1）AND A3＞REF（A3，1）　AND A4＞REF（A4，1）AND（A1－A2）＜（A2－

A3）AND（A2－A3）＜（A3－A4）AND A1＞L AND　　H＞A2 AND HHV（HIGH，10）＝HHV（HIGH，120））；

　　　EXITLONG：（A2＞A3 AND A3＞A4 AND A2＞REF（A2，1）AND A3＞REF（A3，1）AND A4＞REF（A4，1）AND L＜A2 AND REF（L，1）＜REF（A2，1）AND REF（L，2）＜REF（A2，2）AND HHV（HIGH，20）＝HHV（HIGH，120））　OR（A2＞A3 AND A3＞A4 AND A2＞REF（A2，1）AND A3＞REF（A3，1）AND A4＞REF（A4，1）AND C＜A3 AND HHV（HIGH，20）＝HHV（HIGH，120））　OR（A2＞A3 AND A3＞A4 AND A2＞REF（A2，1）AND A3＞REF（A3，1）AND A4＞REF（A4，1）AND L＜A4 AND HHV（HIGH，20）＝HHV（HIGH，120））　OR（A2＞A3 AND A3＞A4 AND A3＞REF（A3，1）AND A4＞REF（A4，1）AND A2＜REF（A2，1）AND REF（A2，1）＞REF（A2，2）AND HHV（HIGH，20）＝HHV（HIGH，120））　OR（A1＞A2 AND A2＞A3 AND A3＞A4 AND A2＞REF（A2，1）AND A3＞REF（A3，1）AND A4＞REF（A4，1）AND（A1－A2）＞（A2－A3）AND HHV（HIGH，20）＝HHV（HIGH，120））；

　　以上公式的含义是：首先赋值空中加油战法要求的四条均线，然后在符合空中加油买入条件的 K 线下面标出向上箭头，在符合空中加油卖出条件的 K 线上方标出卖出条件。

　　买入条件是：四条均线多头排列，MA10、MA20、MA60 向上运行，上线距小于中线距，中线距小于下线距，最近 10 个交易日最高价创最近半年新高，最低价小于MA5，最高价高于 MA10。

　　卖出条件是：MA10、MA20、MA60 三条均线形成多头排列，且都向上运行，且连续三天最低价跌破 MA10，且最近 20 个交易日的最高价创最近半年新高。

　　或者：MA10、MA20、MA60 三条均线形成多头排列，且都向上运行，且收盘价小于 MA20，且最近 20 个交易日的最高价创最近半年新高。

　　或者：MA10、MA20、MA60 三条均线形成多头排列，且都向上运行，且最低价小于 MA60，且最近 20 个交易日的最高价创最近半年新高。

　　或者：MA10、MA20、MA60 三条均线形成多头排列，且都向上运行，且 MA10 向下拐头，且最近 20 个交易日的最高价创最近半年新高。

或者：MA5、MA10、MA20、MA60 四条均线形成多头排列，且 MA10、MA20、MA60 三条均线向上运行，且上线距大于中线距，且最近 20 个交易日的最高价创最近半年新高。

专家系统公式编辑好了之后，我们就可以把它应用到 K 线图上面。具体步骤是切换到 K 线图上，敲击键盘"空中加油"的拼音首字母大写：KZJY，在软件右下角会弹出一个选择框，如图 1－4－2 所示。

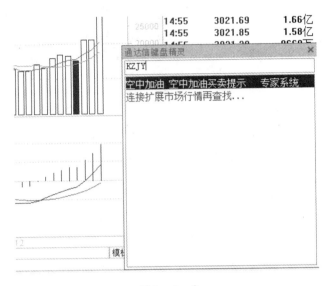

图 1－4－2

选定我们所需要的空中加油专家系统公式后，在键盘上点击回车键，这样我们设置的空中加油买卖提示箭头就会出现在 K 线图上，下面看一个案例。

图 1－4－3 是东方通信（600776）在 2018 年底到 2019 年初的 K 线图，从中可以看到我们设置的空中加油战法买卖点提示箭头，标注在 K 线下方向上的箭头代表空中加油狙击点的买入信号，标注在 K 线上方向下的箭头代表出现了某种卖出条件的卖出信号。前面没有出现空中加油狙击点的卖出信号是无效的。有了提示箭头，我们就可以非常直观地分辨个股当前是否符合我们的买卖点，不用再麻烦去一一对照看买入和卖出条件并进行计算了。

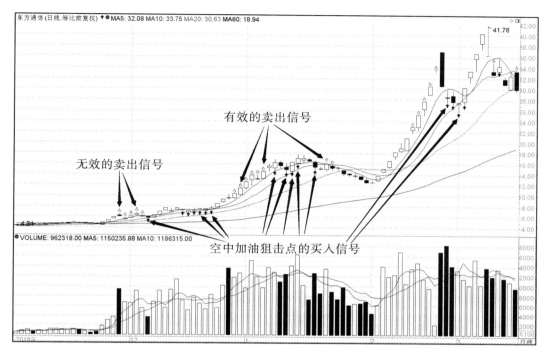

图 1—4—3

需要注意的是：我们的卖出条件只能设置前三个卖出条件，因为这三条很好量化，并能用计算机语言表达出来。但是后两个卖出条件很难用计算机语言表达，需要我们在持股过程当中特别注意观察。这两个没有编制进买卖箭头提示的卖出条件是：

第一，股价经历持续上涨后进入历史重要阻力位，或者出现放量大阴线。

第二，根据简单技术指标和时间窗口寻找卖点，例如 MACD 指标顶背离，KDJ 指标超买等。

需要特别注意的是，这些买卖条件中的均线读数都是按照收盘价来计算的，当天如果还未收盘，当天的收盘价以最新价格代替。但在盘中随着价格的波动，均线的读数也会随之波动，有可能造成两种特殊情况，我们需要特别注意。处置方法如下：

特殊情况 1：买入和卖出条件在盘中时并不成立，但是到了收盘时却成立了，出现了买卖信号，这些买卖信号在盘中无法提示操作，所以这些买卖信号就是无效的信号，我们无须考虑操作。下面看一个买入箭头信号无效的案例。

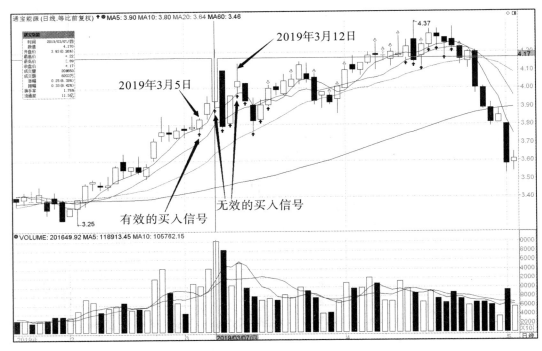

图 1—4—4

图 1—4—4 是通宝能源（600780）在 2019 年初一段时间的走势图，可以看到该股在 2019 年 3 月 5 日首次出现了买入箭头信号，这个信号是成立的。光标所指 3 月 7 日，软件又给出了一个买入信号，而这个信号是无效的，因为当天最低价是 3.89 元，收盘价为 4.17 元，收盘时 5 日均线读数为 3.90 元（这个读数应该是四舍五入后的结果），但是当盘中该股在最低价之时，5 日均线应该向下修正为：3.90—（4.17—3.89）÷5＝3.844（元）（盘面将只显示小数点后两位 3.84）。当时的价格 3.89 元并未回到 5 日均线下方，因此这个买入信号无效。同理，该股在 3 月 12 日出现的买入箭头同样是无效信号。

下面再看一个卖出箭头信号无效的案例。

图 1—4—5 是电广传媒（000917）在 2019 年初一段时间的走势图，可以看到该股在 2019 年 3 月 18 日出现了卖出信号，我们仔细观察它给出卖出信号的原因是连续三天最低价跌破了 10 日均线，但是当天该股最低价为 9.45 元，收盘价为 9.90 元，当天 10 日均线读数为 9.45 元，因为软件只显示小数点后两位，当天 10 日均线的读数一定大于 9.45 元而小于 9.455 元，才会给出卖出信号。但是当盘中该股股价回到 9.45 元的时候，10 日均线的读数会向下修正为 9.45—（9.90—9.45）÷10＝9.405（元），盘中最低价时并不会给出卖出信号，故这个卖出信号是无效的。

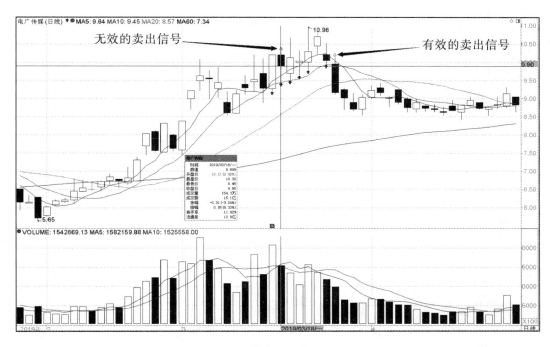

图 1—4—5

下面再看一个卖出信号无效的案例。

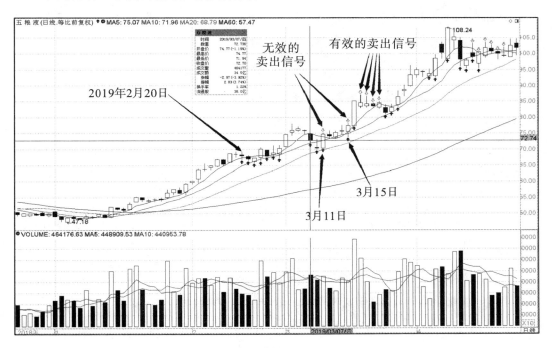

图 1—4—6

图 1－4－6 是五粮液（000858）在 2018 年底至 2019 年初一段时间的走势图，可以看到该股在 2019 年 2 月 20 日连续出现了买入箭头信号，此后股价平稳向上，到了 3 月 11 日和 3 月 15 日两次出现了卖出箭头信号，我们仔细观察，这两次给出卖出信号的原因都是连续三天最低价跌破了 10 日均线。但是仔细分析光标所指 3 月 7 日这一天，最低价为 71.94 元，收盘价为 72.70 元，10 日均线收盘时为 71.96 元，当天该股最低价 71.94 元之时，10 日均线的实时位置应该是：

$$71.96－（72.70－71.94）÷10＝71.884（元）$$ （盘面将只显示小数点后两位 71.88）

可见当天该股盘中并未真正跌破 10 日均线，所以 3 月 11 日的卖出箭头信号是无效的。同理，3 月 14 日该股盘中也没有真正跌破 10 日均线，所以 3 月 15 日的卖出信号也是无效的。

特殊情况 2：盘中买入和卖出条件成立，并出现了买卖箭头信号，但到收盘时消失掉了。我们应当综合考虑当时情况。如果盘中已经依据箭头信号做出了操作，那么可以等待后续信号再进行操作，如已经买入股票则等待下一个卖出信号出现再卖出；如已经卖出股票则等待下一个买入信号出现再买入。如果盘中出现信号之时没有据此操作，那么到了收盘之时箭头信号已经消失，那就可以不用再考虑这次操作机会，没有买入股票就放弃操作，而持有股票没有卖出的可以继续持有。

在市场处于弱势的情况下，建议投资者最好等到尾盘再买入股票，以免买入条件盘中具备了，但尾盘不再成立，这就容易造成损失；而持有股票的，在盘中出现卖出箭头信号时就最好及时卖出，以免损失扩大。

在大盘处于强势的时候，则可以在盘中看到买入箭头信号就及时买入股票，以免错失良机；持有股票的也可以等到尾盘再卖出，以免过早卖掉了调整的牛股。下面看一个买入箭头信号消失的案例。

图 1－4－7 是紫光股份（000938）在 2017 年 8 月至 12 月一段时间的走势图，图中光标所指 2017 年 11 月 9 日，可以看到当天给出了卖出箭头信号，仔细观察其收盘时 MA5 的读数为 32.92 元，MA10 的读数为 32.25 元，MA20 的读数为 31.60 元，按此计算其上线距为：32.92－32.25＝0.67（元），中线距为：32.25－31.60＝0.65（元），下线距显然更大就不计算了。但是当天该股最低价为 32.11 元，收盘价为 33.89 元。下面我们再来计算当其股价达到最低价时的各项经过修正后的数据：

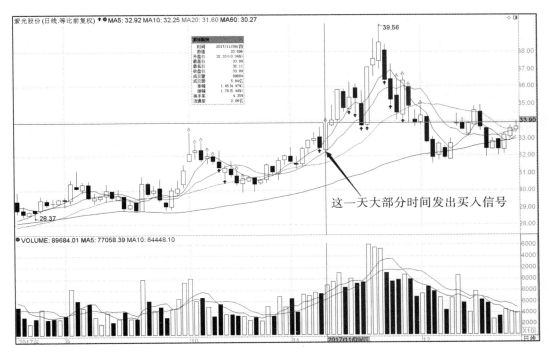

图 1—4—7

MA5 的修正值为：32.92 －（33.89－32.11）÷5＝32.564（元）

MA10 的修正值为：32.25 －（33.89－32.11）÷10＝32.072（元）

MA20 的修正值为：31.60 －（33.89－32.11）÷20＝31.511（元）

上线距的修正值为：32.564－32.072＝0.492（元）

中线距的修正值为：32.072－31.511＝0.561（元）

由于我们引用的当天的读数都是四舍五入后的结果，所以以上计算可能会有一点点误差，不过通过以上计算，我们依然可以得出结论：当天该股在从最低价向上拉升的较长一段距离内，上线距都是小于中线距的，只有在超过了某个临界值之后，上线距才大于中线距。因此，该股在 2017 年 11 月 9 日的大部分时间段和价位应该都是给出的买入箭头信号，而不是卖出箭头信号。当天如果依据买入信号进行买入操作的话，等到收盘即使买入箭头信号消失并出现了卖出箭头信号，投资者也不用担心，可以等到第二天再观察是否继续有卖出箭头信号出现，实际上，第二天卖出箭头信号消失了，因此可以继续持有股票。该股此后继续拉升到 11 月 22 日，出现放量冲高回落，这一天可以卖出股票。

以下是一个卖出信号消失的案例。

图1－4－8是鸿达兴业（002002）在2015年1月至11月一段时间的走势图，图中光标停留在2015年6月15日，也是该股的历史最高点，图中并没有给出卖出箭头信号，但是这都是以收盘价计算显示的，该股在最高点的时候却出现了空中加油战法的第三种卖出条件。因为软件显示的各个均线的读数都是四舍五入后的数据，可能会有误差，所以下面直接罗列从2015年6月15日往前数的5个交易日的收盘价，而2015年6月15日这一天的收盘价以最高价代替，再将其加总后求得修正后的MA5的数据，以此类推求得MA10和MA20的数据：

图1－4－8

修正后的MA5值：（15.50＋14.94＋13.65＋13.52＋12.79）÷5＝14.08（元）

修正后的MA10值：（15.50＋14.94＋13.65＋13.52＋12.79＋11.63＋12.00＋11.87＋11.07＋10.95）÷10＝12.792（元）

修正后的MA20值：（15.50＋14.94＋13.65＋13.52＋12.79＋11.63＋12.00＋11.87＋11.07＋10.95＋10.28＋9.51＋9.57＋10.50＋10.84＋10.80＋10.45＋10.49＋10.34＋9.40）÷20＝11.505（元）

由上得到：

上线距＝14.08－12.792＝1.288（元）

中线距＝12.792－11.505＝1.287（元）

从以上计算结果可以看到，当 2015 年 6 月 15 日这一天股价达到最高点 15.50 元的时候，上线距大于中线距，出现了空中加油战法的第三种卖出条件，当时如果在盘中看到了卖出箭头信号，那么应该果断卖出股票。

需要指出的是，在实战操作当中，以上的计算都不需要投资者自己去计算，设置好的专家系统公式会自动精确计算显示个股是否给出了买入或者卖出信号，投资者只需要盘中随时关注就行了。另外，投资者要明白一点，专家系统公式的买卖点箭头，是按照原始的空中加油战法卖出条件的前三条所设置的，但由于我编写的公式不能考虑到市场中可能出现的所有特殊情况，因此也可能在某种情况下，个股达到了空中加油战法的买卖条件，但 K 线图上却没有显示买卖点箭头。这就要求我们始终牢记空中加油战法的买卖条件，实战中以买卖箭头作为参考，尤其是卖出信号，如果个股走势达到了卖出条件，即使软件没有出现卖出箭头，也应当卖出为宜。

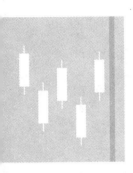

第二章
空中加油战法实战要点

　　前一章已经详细论述了空中加油战法的具体买卖条件，以及使用通达信软件实现软件自动选股和K线图买卖点箭头信号提示，但在实际运用中，投资者还需要注意一些重要的问题，主要是买卖点判断技巧和实战心态的调整。

　　实战当中，股价的波动千变万化，走出的图形也五花八门，我们一定会遇到很多低质量的买点和卖点。也即是说，很多买点即使符合了空中加油战法的买入条件，软件也出现了买入箭头信号，但最后并不能带来良好的获利，好一点的结果，是浪费了时间但没有什么盈利，坏一点的结果就是亏损。同样的，实战中，我们遇到的很多卖出点就算完全符合空中加油战法的卖出条件，但也不一定能够卖在最高点，或者做到及时卖出。所以，投资者使用软件选出股票，并且买卖点箭头也给出了提示，只能算作初步的判断，投资者不能看到任何股票的每一个买卖提示都去操作。这就是说要求投资者对实战买卖点进行精确判断，本章主要内容，就是重点讲解实战买卖点判断的技巧。

　　此外，投资者依据空中加油战法进行实战操作，还需要具备较好的心理素质，才能在纷繁复杂的市场当中不受其他因素的干扰，正确地执行战法。本章第三节将讲解实战中影响操作心态的问题及其对应的解决方法。

第一节 实战买点判断技巧

在第一章第一节我已经列出了空中加油战法的四个买入条件，但是在加入了我设置的买卖箭头之后，并不是每一个买入箭头信号都应该买入股票，这就需要进行实战买点判断。

买点判断技巧的实质是判断上涨趋势是否已经形成，其原则是尽可能地提高条件，如遇不利条件宁可放弃操作，尤其是大盘处于熊市的时候尽量保守一点。本章在上一章空中加油战法四个买入条件的基础上，再加上第五个条件，第五个条件主要列举了实战中一些需要规避的特殊情况，这些情况不属于具体战法，但又非常重要。实战买点判断的五个条件如下：

1. 股价最近 10 个交易日创了最近半年新高。

2. 成交量最好连续放大，上涨时放量，调整时缩量。

3. 四条均线形成流畅的多头排列，其中 MA10、MA20、MA60 这三条均线的运行方向必须向上，而且满足上线距小于中线距，中线距小于下线距的条件。

4. 股价创新高之后第一次从 MA5 上方运行到 MA5 和 MA10 之间，即为多方的"空中加油狙击点"，此时应当果断买入。

5. 排除以下情况个股：ST 股、问题股、高控盘交易不活跃股票、短线涨幅过大的股票、MACD 指标顶背离的股票及在高位时间窗口变盘向下的股票。

下面在通达信软件上引入我设置好的买卖箭头，并按照实战买点判断的五个条件一一进行讲解。

1. 股价最近 10 个交易日创了最近半年新高。

股价创新高，标志着股价真正摆脱了底部，进入了主升浪，所以我们尽量只做进入主升浪的个股，彻底放弃低位震荡的机会。那么，为什么要设定最近 10 个交易日创新高呢？

因为如果超过 10 个交易日股价还没有再创新高，那么 10 日均线就会向下拐头了，达到了前文所述的卖出条件，当然不能再买入了。这里的 10 日均线是以收盘价计算的，而创新高是以盘中最高价计算的，二者之间可能产生一定误差，需要投资者注意。

为什么需要创半年新高，而不是其他时间段呢？

　　因为我在实战之中发现，一般个股进入主升浪都是要创出一段时间的新高，才能摆脱底部箱体的束缚，经过长期观察，这个时间段就在半年左右。当然，也不能绝对化，如果一只个股突破了最近一次横盘震荡的重要区域，创了新高，时间虽然差一点不满半年，但是也代表股价开始走强。如果此时均线系统形成流畅的多头排列，并且均线之间的距离也符合上线距小于中线距，以及中线距小于下线距，那么，股价继续拉升的机会同样很大。下面看一个案例。

　　图2－1－1是瑞普生物（300119）在2018年8月至2019年2月一段时间的走势图，图中最后一天，该股均线系统形成了流畅的多头排列，均线之间的距离也依次放大，股价盘中低价刚好回到空中加油狙击点，但是当天没有给出买入箭头信号，因为当时的股价只是创了五个多月新高，没有突破2018年9月上旬的高点。值得注意的是，除了这一点，该股其他条件都符合空中加油战法的买入条件，因此也算是一次不错的买入机会，实战中这样的机会完全可以灵活处理，适当降低仓位进行操作。我们再来看看该股后期的走势。

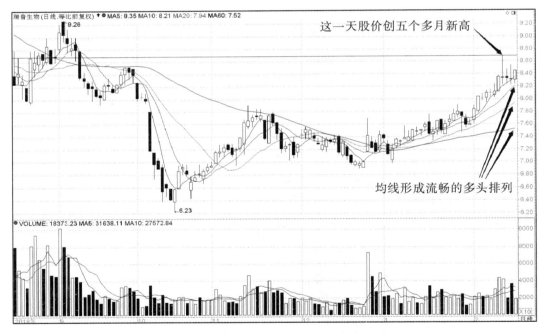

图2－1－1

　　图2－1－2是瑞普生物（300119）在出现了一次创五个月新高的买点之后的走势图，可以看到该股出现买点后持续大幅拉升，直到2019年3月中旬才出现了确定的买入箭头信号，但此时股价已经拉升20%以上。

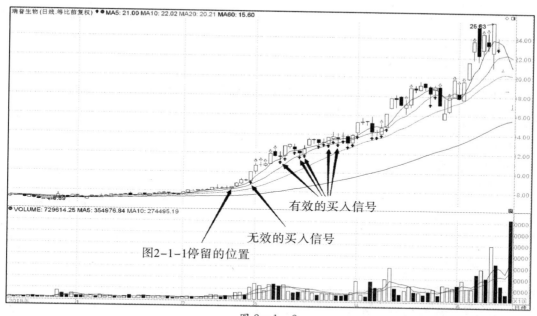

图 2—1—2

2. 成交量最好连续放大，上涨时放量，调整时缩量。

空中加油战法对成交量的要求总体是上涨放量，尤其是股价创新高的时候需要放量突破，并且在高位没有出现放量大阴线，调整时缩量代表资金没有杀跌出货，后市就还有机会继续拉升。下面先看一个成功的案例。

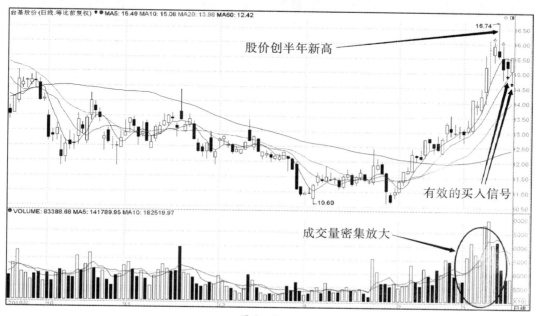

图 2—1—3

图 2-1-3 是台基股份（300046）在 2018 年底至 2019 年初一段时间的走势图，可以看到该股在最后两天都给出了买入箭头信号。仔细观察该股成交量，可以看到该股进入 2019年 3 月后放量拉升，创了半年线新高，高位也没有出现放量大阴线，然后回到空中加油狙击点的时候缩量调整，完全符合空中加油战法买入条件。我们再来看看该股后期的走势。

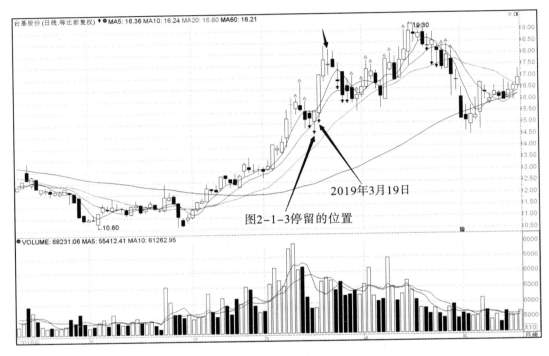

图 2-1-4

图 2-1-4 是台基股份（300046）在给出买点之后的走势图，可以看到该股在连续两天给出买入箭头信号后第三天即 3 月 19 日早盘继续给出买入箭头信号，当天尾盘涨停，第二天 3 月 20 日继续冲高，可以获利出局。

再来看看一个失败的案例。

图 2-1-5 是中国国航（601111）在 2019 年上半年一段时间的走势图，可以看到该股在图中 4 月 9 日、4 月 10 日、4 月 11 日连续三天给出了买入箭头信号，但是因为4 月 4 日该股有一个高位大阴线并且放巨量，4 月 8 日该股继续放量大跌收大阴线，因此资金有出货的迹象，这时候出现的买入箭头信号我们需要特别警惕，最好放弃买入操作。我们再来看看该股后期的走势。

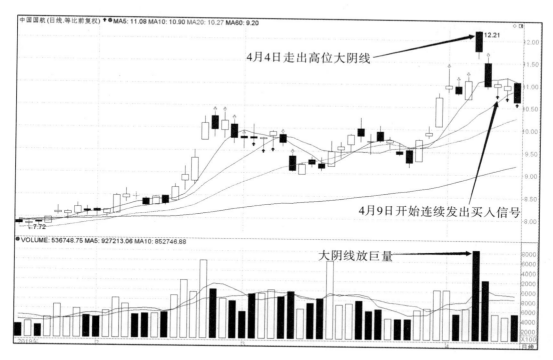

图 2—1—5

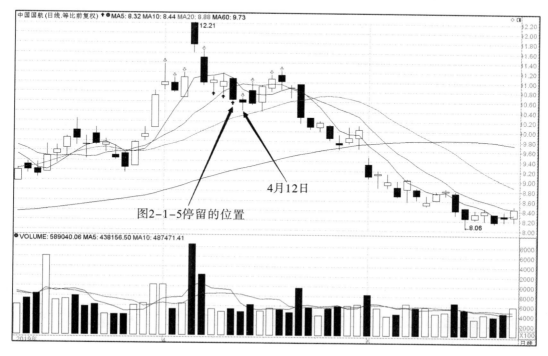

图 2—1—6

图 2-1-6 是中国国航（601111）在给出买点之后的走势图，可以看到该股在连续三天给出买入箭头信号后第四天 4 月 12 日就因为连续三天跌破 10 日均线给出了卖出箭头信号，当天止损就会造成亏损，此后股价也是略微反弹后就一路向下，因此这个买入信号是失败的。

下面是一个高位放量阴线的案例。

图 2-1-7 是建新股份（300107）在 2017 年底至 2018 年初的一段时间的走势图，可以看到该股进入 2018 年之后连续拉升，股价在一个月之内实现了翻倍，在高位的 2018 年 1 月 25 日、1 月 26 日该股连续两天放巨量收阴线。紧接着，该股在 1 月 29 日跌停，然后 1 月 30 日、1 月 31 日股价都回到空中加油狙击点，买入箭头信号出现了，但由于该股在此之前已经经历了短时间暴涨，加上高位放巨量阴线的出现，阴线实体虽然不大，但是上影线很长，资金很可能已经借冲高出货，这个买入机会我们应该保持谨慎，最好放弃买入操作。我们继续看该股后期的走势。

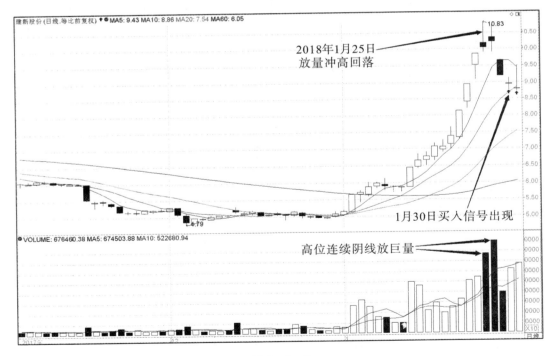

图 2-1-7

图 2-1-8 是建新股份（300107）在给出买点之后的走势图，可以看到该股在连续三天给出买入箭头信号后，紧接着的 2 月 2 日开盘就因为连续三天跌破 10 日均线，

系统给出了卖出箭头信号，当天开盘止损就会造成亏损，此后该股走势陷入了整理，因此这个买入信号是失败的。

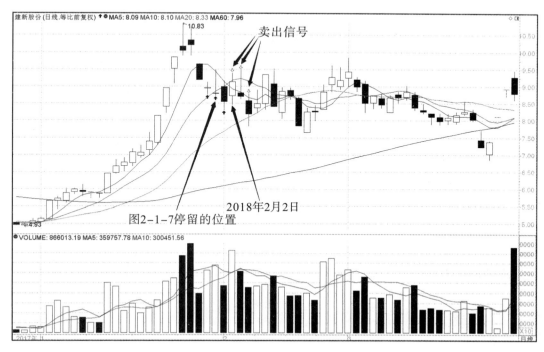

图 2-1-8

另外，还有一些个股由于在低位阶段的震荡整理非常充分，主力建仓完毕已经拿到了大部分筹码，因此并不需要明显放量就能创新高，并走出主升浪。这样的个股要么是业绩稳定增长的大中盘个股，要么是市场公认的白马股或蓝筹股，它们只要没有出现高位放量阴线，并且均线形态非常良好，也是符合空中加油战法的买入条件的。下面我们看一个案例。

图 2-1-9 是新城控股（601155）在 2018 年下半年至 2019 年初一段时间的走势图，可以看到该股在 2019 年 1 月底 2 月初连续拉升创出新高，但是成交量并未明显超过此前几个月的水平，进入 2 月后该股连续缩量横盘，图中最后三天股价都回到了空中加油狙击点，出现了买入箭头信号，其均线运行也非常流畅均匀，因此也完全符合空中加油战法买入条件的。我们再来看看该股后期的走势。

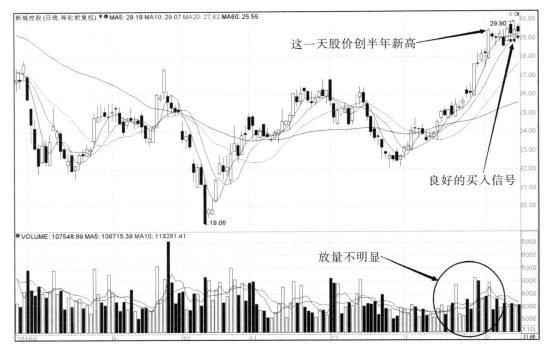

图 2—1—9

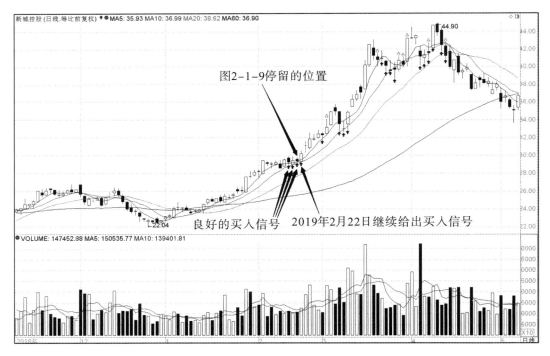

图 2—1—10

图 2-1-10 是新城控股（601155）在给出买点之后的走势图，可以看到该股在连续三天给出买入箭头信号后第四天，即 2 月 22 日早盘继续给出买入箭头信号，当天就开启一轮连续拉升，买入信号完全成功。

3. 四条均线形成流畅的多头排列，其中 MA10、MA20、MA60 这三条均线的运行方向必须向上，而且满足上线距小于中线距，中线距小于下线距的条件。

（1）实战中，许多个股的均线形成多头排列了，但是均线运行并不流畅，或者均线之间的距离不满足条件，这都是趋势酝酿时间不够，动力不强的表现，这样的买入机会最好放弃掉。因为后期的运行趋势可能还有反复，或者后面的上涨幅度不大。下面看一个失败的案例。

图 2-1-11 是太平洋（601099）在 2018 年下半年一段时间的走势图，可以看到该股在 2018 年 11 月 22 日给出了买入箭头信号，但是我们仔细观察当时的均线系统，会发现最近一个月四条均线的运行轨迹完全不同，MA60 缓慢向上爬升，MA20 快速向上，MA10 先是快速向上而后略微下行后转为平缓向上，MA5 则上下剧烈波动。这样的形态并不是我们要求的四条均线均匀、流畅、同步地向上运行，后期很难出现流畅的主升浪，反而会剧烈震荡，或者经历复杂的调整，很难获利。因此，这样的买入信号并不是太好的买点，应该放弃。我们再来看看该股后期的走势。

图 2-1-11

图2-1-12是太平洋（601099）在给出买点之后的走势图，可以看到该股在给出买入箭头信号第二天就出现大跌，并且出现卖出箭头信号，这个买入信号是失败的。

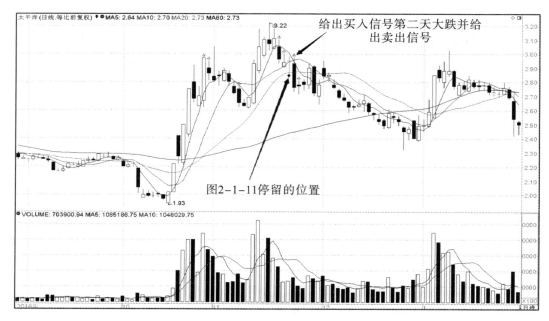

图 2-1-12

下面我们继续来看失败的案例。

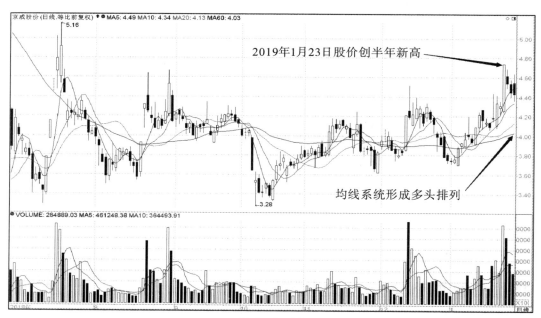

图 2-1-13

图2-1-13是京威股份（002662）在2018年6月至2019年1月一段时间的走势图，可以看到该股2019年1月23日股价创了半年新高，此后连续两天回调，到了图中最后一个交易日，也就是1月26日，股价好像是回到了空中加油狙击点。为什么这里要说好像？因为图中并没有给出买入箭头信号，说明这并不是真正的空中加油狙击点，因为均线之间的排列并不满足中线距小于下线距，从图上方的均线读数可以看到MA10为4.34元，MA20为4.13元，MA60为4.03元，因此中线距＝4.34－4.13＝0.21（元），下线距＝4.13－4.03＝0.10（元），可以得出中线距大于下线距的结论，所以并不满足买入条件，说明这里的上升趋势很勉强，并不流畅，趋势还不稳定，这里也不是标准的空中加油狙击点，由此可见，不能光看到均线多头排列、股价回到MA5和MA10之间就急于操作，而要多点耐心进行分析。我们继续看看该股后期的走势。

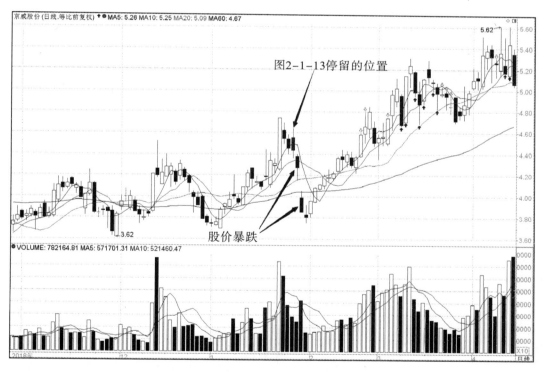

图2-1-14

图2-1-14是京威股份（002662）在疑似出现空中加油狙击点之后的走势图，可以看到该股在2019年1月26日之后出现了连续两天大跌，跌破了MA60，直到一个

月后才重新走强并给出买入箭头信号。这就说明，即便出现均线多头排列，但在均线之间的距离并不满足上线距小于中线距，以及中线距小于下线距的情况下，股票的上升趋势并不稳定，趋势随时可能出现反复，此时介入很有可能遭受损失。

图 2－1－15 是华仪电气（600290）（现为*ST华仪）在 2018 年 9 月至 2019 年 3 月一段时间的走势图，可以看到该股从 2019 年 3 月 12 日开始连续涨停，其间股价创了半年新高，此后连续几天回调，在高位的几天都出现了卖出箭头信号，这是因为上线距大于了中线距，但是到了图中最后两天，卖出箭头消失了，说明此时上线距小于中线距，但是软件仍然没有给出买入箭头信号。我们查看此时的各均线读数，MA10 为 7.60 元，MA20 为 6.49 元，MA60 为 5.50 元，因此计算可以得到：中线距＝7.60 －6.49＝1.11（元），下线距＝6.49－5.50＝0.99（元）。软件没有给出买入箭头信号的原因是中线距大于下线距。实战中，投资者遇到这样的情况应该放弃买入操作。我们再来看看该股后期的走势。

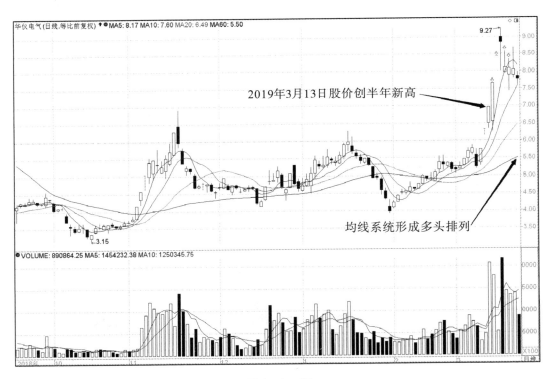

图 2－1－15

图 2－1－16 是华仪电气（600290）（现为*ST华仪）在形成并不标准的多头排列

之后的走势图，可以看到该股后面连续下跌，很快跌破了 MA20。

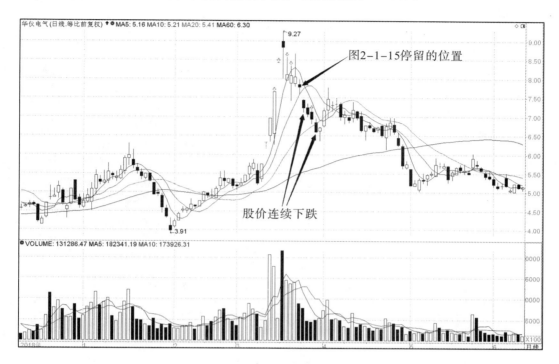

图 2—1—16

由此可见，我们在观察一只个股的形态时，必须注意各条均线之间的距离，之所以我们要设置上线距小于中线距，中线距小于下线距的条件，是因为这样的上升趋势才是稳健的、可持续的，后续上涨的可能性是最大的。

（2）均线系统均匀、流畅、同步向上运行的形态个股，是怎样的呢？

我们先来看一个成功的案例。

图 2—1—17 是海利尔（603639）在 2018 年底至 2019 年初一段时间的走势图，可以看到该股在最后一段时间四条均线形成了多头排列，而且均线非常流畅地向上发散。从 3 月 20 日开始，股价连续出现卖出箭头信号，原因是当时的上线距大于中线距，但是前面并没有出现买入箭头信号，因此不用管它。3 月 28 日、3 月 29 日这两天，上线距重新小于了中线距，股价在盘中回到了空中加油狙击点，买入箭头信号出现了，这就是非常良好的买点。上线距从大于中线距再到重新小于中线距，说明股票从急涨创新高之后的短线超买状态，经过震荡休整回到了平稳状态，这说明下一步有了加速拉升的可能。我们继续看该股后期的走势。

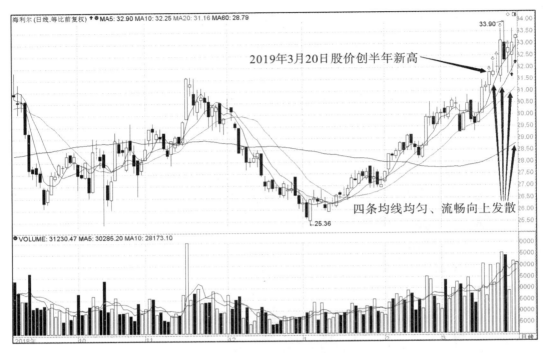

2019年3月20日股价创半年新高

四条均线均匀、流畅向上发散

图 2—1—17

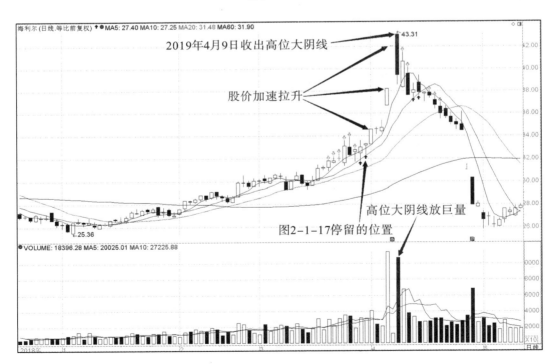

2019年4月9日收出高位大阴线

股价加速拉升

高位大阴线放巨量

图2-1-17停留的位置

图 2—1—18

图2-1-18是海利尔（603639）在给出了买入箭头信号之后的走势图，可以看到股价迅速拉升创出新高，最后连续两天封住涨停板，第三天4月9日高开低走，放巨量收大阴线，此时可以获利卖出，买入信号完全成功。

下面再看一个成功的案例。

图2-1-19是赛腾股份（603283）在2019年上半年一段时间的走势图，可以看到该股在图中最后三天都给出了买入箭头信号，但是6月24日的买入信号是无效的，后面两天6月25日和6月26日的买入箭头信号则完全符合空中加油战法的标准，该股当时的四条均线都平稳向上，均匀、流畅地向上运行着，这就是非常好的形态。我们再看该股后期的走势。

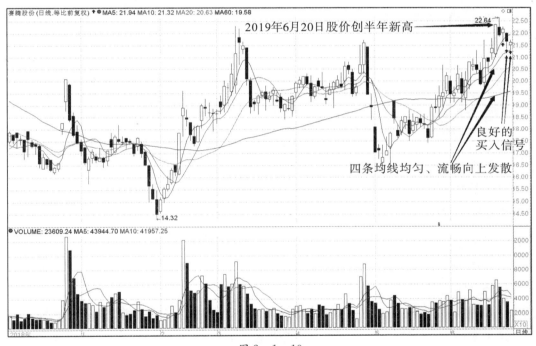

图2-1-19

从图2-1-20可以看到赛腾股份（603283）在给出了买入箭头信号之后迅速拉升，连续三天封住涨停板，第四天7月2日早盘也短暂封住涨停板，考虑到7月3日凌晨3点就是时间窗口农历六月初一的朔，因此7月2日盘中是敏感间窗口，完全可以获利卖出，该股发出的买入信号非常成功，如果参与，短线获利空间较大。

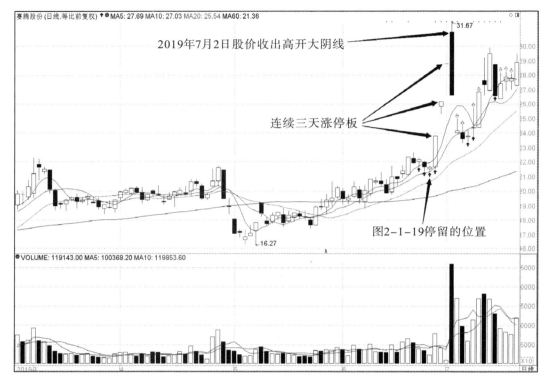

图 2—1—20

4. 股价创新高之后第一次从 MA5 上方运行到 MA5 和 MA10 之间，即为多方的"空中加油狙击点"，此时应当果断买入。

（1）强势个股开启主升浪之后，一般都会依托 10 日均线向上运行，其间很难跌破10 日均线。超强势的个股甚至会依托 5 日均线向上攻击，很少回到 5 日均线下方，即使回调也是以下影线的形式，这样的个股买入机会极其难得。所以，我折中之后将股价回到 5 日均线和 10 日均线之间作为买入区间，并且最好是创新高之后第一次回到这一区间，回到空中加油狙击点之后只要股价没有再创新高，连续回到空中加油狙击点都算是同一次买入机会。下面来看一只超强势个股的绝佳买点。

图 2—1—21 是新美星（300509）在 2018 年下半年至 2019 年初一段时间的走势图，可以看到该股在图中最后四天都给出了买入箭头信号，但这四个买入箭头信号基本都是以下影线的形式回到空中加油狙击点，该股当时的四条均线都平稳向上，均匀、流畅地向上运行着，这就是非常好的形态。我们再看该股后期的走势。

图 2—1—21

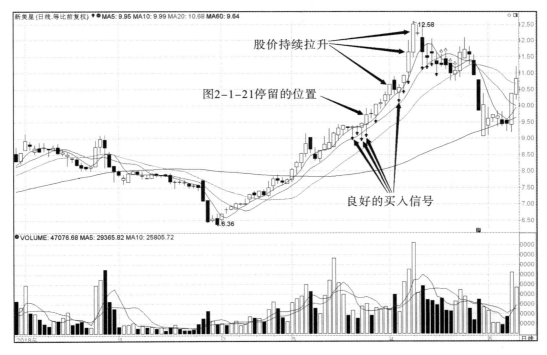

图 2—1—22

图 2-1-22 是新美星（300509）在给出了买入箭头信号之后的走势图，可以看到，该股出现买入箭头信号之后走出了连续上涨的主升浪行情，其间股价又经常在盘中回到空中加油狙击点，我们设置的选股条件也及时给出买入箭头信号，最后股价一直上涨到了 2018 年全年的最高点附近，此时股价经过连续上涨，到了历史重要高点，此时可获利卖出。

（2）如果股价再创新高，然后回调在未创新高的情况下都算是"同一次"回到空中加油狙击点；如果股价再创新高后又回到空中加油狙击点就应该算是"下一次"买点了，那就需要重新评估再创新高的过程中均线系统的运行是否平稳、流畅，MACD是否顶背离，成交量是否符合买入条件等，再决定能否买入。下面举例说明。

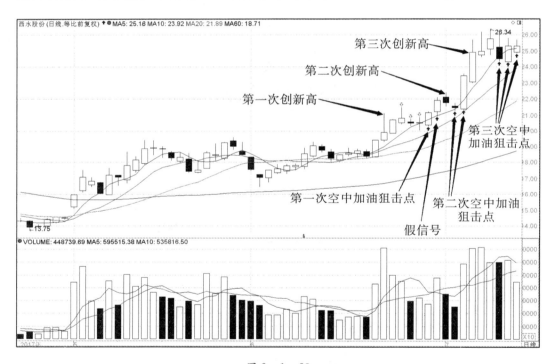

图 2-1-23

图 2-1-23 是西水股份（600291）2017 年 4 月至 7 月一段时间的走势图，可以看到该股从 6 月 29 日开始连续给出买入箭头信号，其中除了一个假信号之外，其余信号都是有效的，但是这些买入信号并不属于同一次，而是在连续三次创新高之后分别回到空中加油狙击点形成的，所以这些买入信号也应该分为三次。图中最后三天给出的买入箭头信号就属于第三次空中加油狙击点，此时要判断能否买入操作就要根据当时的情况分析决定。K 线

图显示当时的均线多头排列非常流畅平稳，成交量温和放大且没有放量阴线，MACD 指标也没有顶背离迹象，所以也是一次非常好的买点。我们再看该股后期的走势。

图 2—1—24 是西水股份（600291）在第三次给出了买入箭头信号之后的走势图，可以看到该股出现买入箭头信号之后走出了连续上升的走势，短时间股价连续拉升 50% 左右。这说明买入信号完全成功。

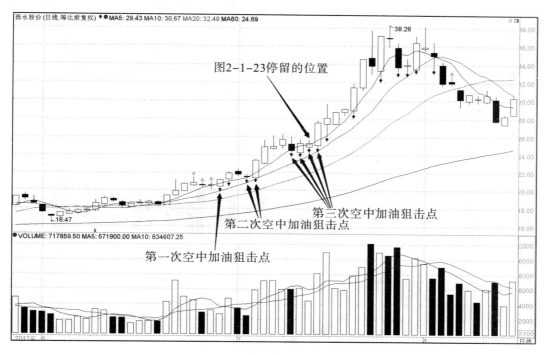

图 2—1—24

（3）出现买入箭头信号的当天股价最好不要跌破 10 日均线，因为这样的个股走势已经不算太强，如果只是最低点小幅跌破 10 日均线还在可以接受的范围内，但如果收盘价都跌破了 10 日均线，此时即使给出了买入箭头信号，也最好不要买入。下面看一个案例。

图 2—1—25 是振德医疗（603301）在 2019 年上半年一段时间的走势图，可以看到该股在图中最后两天都给出了买入箭头信号，但是仔细观察发现，4 月 8 日这一天股价最低点已经跌破了 MA10，当天因为上线距大于中线距而没有给出买入箭头信号。到了 4 月 9 日，该股早盘低开，最低价已经接近 MA20，后来反弹起来站上 MA10 才给出了买入箭头，到这里已经连续两天跌破 MA10，说明股价走势并不强，到图中最后一天的 4 月 10 日，股价回到 MA10 上方又给出了买入箭头信号，但是很快股价再次

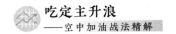

跌破 MA10，并且收盘也在 MA10 下方，这样的走势已经很弱，实战中遇到这样的情况最好放弃买入操作。我们再看该股后期的走势。

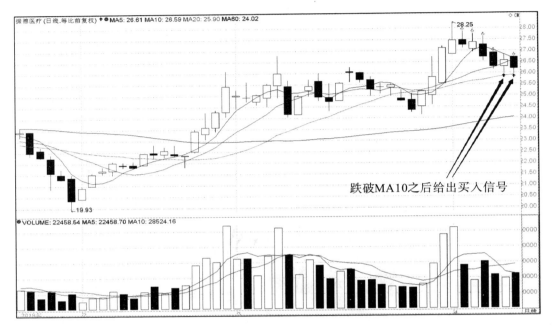

跌破MA10之后给出买入信号

图 2—1—25

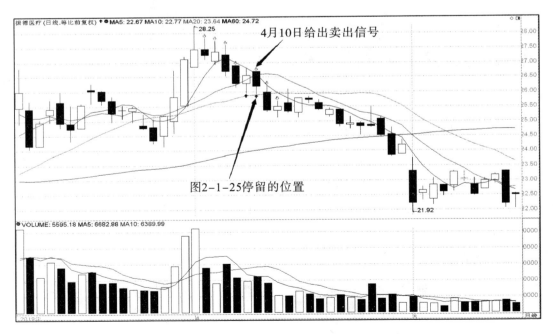

4月10日给出卖出信号

图2-1-25停留的位置

图 2—1—26

图 2－1－26 是振德医疗（603301）在给出了买入箭头信号之后的走势图，可以看到该股在连续跌破 MA10 的情况下，再出现买入箭头信号之后走出了连续下跌的行情，并在 4 月 10 日开始连续三天都给出了卖出箭头信号，由此可见，这个买入信号是失败的。

5. 排除以下情况个股：ST 股、问题股、高控盘交易不活跃股票、短线涨幅过大的股票、MACD 指标顶背离的股票及在高位时间窗口变盘向下的股票。

（1）ST 股。这类个股基本面的问题一般比较严重，即使它们出现了良好的买入信号，我也建议放弃操作，因为这类个股可能突然出现重大利空消息，或者停牌后公布利空消息，造成股价连续跌停而无法卖出，给投资者造成巨大损失。同时，我们在买入一只股票之前也应该对其基本面做一个简单的了解，并坚决回避问题股，因为本身存在问题的个股可能买入的时候还不是 ST 股，但极有可能会突然爆出问题而变为 ST 股。

（2）问题股。市场上有许多经营不善的公司，存在各种各样的重大问题，主要有：财务猫腻、财务造假、重大会计差错、利润跨期调整、年报审计无法表示意见、内幕交易、监管部门公开谴责、乱搞并购、资产大幅减值、现金流持续为负、高负债经营、控股股东非经营性资金占用、到期债务无法偿还、大股东套现、高管频繁调整、忽悠式重组、被立案调查，等等。这些问题股的病症基本都是大股东无心经营实业，只想在市场上忽悠，说重点就是欺骗。问题小一点的公司还有可能慢慢消化过去的包袱，问题严重的公司最后无法经营下去，只能退市。一般问题股在地雷爆出后，市场资金会纷纷出逃，其走势都会一路向下，很难再出现空中加油战法的买入箭头信号，个别个股即使短时间出现了买入箭头信号，一旦稍有风吹草动，股价就会连续暴跌。下面看一个案例。

图 2－1－27 是 ST 银河（000806）在 2019 年上半年一段时间的走势图，当时该股的简称是银河生物，其走势还保持平稳向上，并在 3 月 22 日开始连续给出买入箭头信号，图中最后一天的 3 月 27 日虽然给出了卖出箭头信号，但是这是一个无效信号。如果投资者买入并持有该股，后面就会遭遇突然停牌一天，然后被交易所风险警示，也就是简称之前冠以 ST 符号，其后的股价也遭遇了连续跌停板。我们再看该股后期的走势。

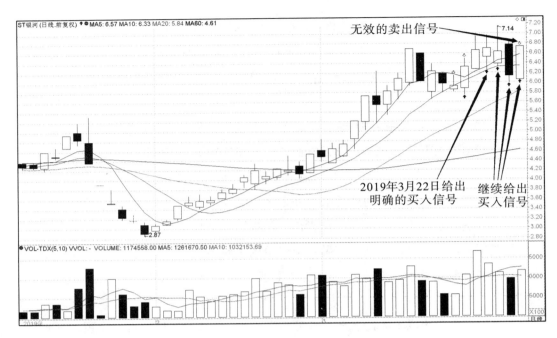

图 2—1—27

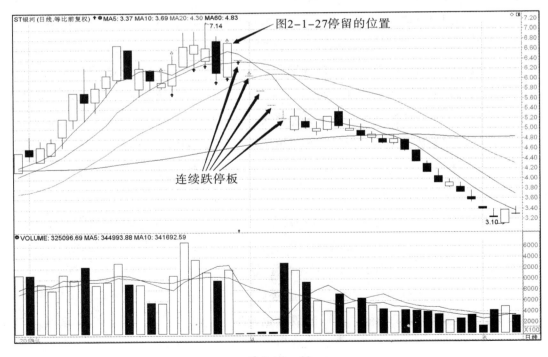

图 2—1—28

图 2—1—28 是 ST 银河（000806）在戴帽以后的走势图，可以看到该股戴帽后连续五

个跌停板，第五个跌停板盘中打开之时股价已经跌去了 20％以上。考察该股的问题，主要是被交易所出具了关注函，对其未履行内部审批及相关审议程序对外担保，和控股股东占用大量资金的问题进行询问，而该公司的回复完全不符合监管要求，因此遭到交易所特别警示。我们在买入一只股票之前一定要注意看该股近期是否涉及监管层出具关注函，若涉及则表明该股的问题已经非常严重了，其他涉及公司基本面的重大问题也要注意规避。

（3）高控盘交易不活跃股票。高控盘个股的特征主要就是每天换手率很低，走势呆滞，经常出现带长上影线和下影线的十字星等，盘中表现为成交匮乏，有时长时间没有成交，甚至出现大阳线的时候成交量也很小，因为筹码都被锁定，所以只用几笔成交就能把价格拉上去。高控盘个股的短期走势也与大盘无关，完全不适合做短线，这样的股票一旦出现放量下跌，容易引发连续跌停式的跳水。特别是当前监管日趋严厉，一旦出现突发利空，散户与主力争相出逃，就会发生股价崩盘。很多高控盘的股票最后都是无法出货，只能经历较长时间的暴跌后，才能在相对低位出货。主力持仓成本可能很低，大跌 50％后可能依然有盈利，但散户通常则会遭遇严重亏损。所以，高控盘股票在技术面上出现的买点也不是真正的好买点，再加上其内在的高风险，所以投资者一定要远离高控盘股票。下面来看一个案例。

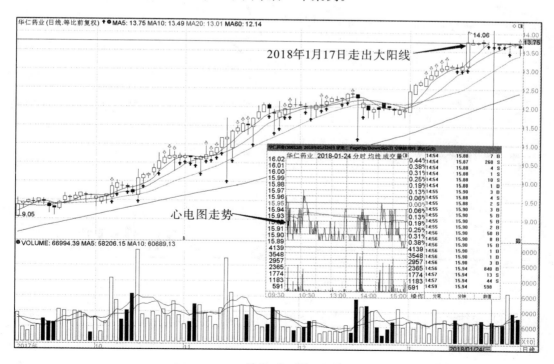

图 2—1—29

图 2－1－29 是华仁药业（300110）2017 年 9 月至 2018 年 1 月 31 日的走势图，该股在高位时，由于被高度控盘，走势呆滞，盘中交易极不活跃，图中小图为 2018 年 1 月 24 日的分时图，可以看到当天盘中股价走势呈现出"心电图"走势，2018 年 1 月 17 日该股走出大阳线，但是换手率也只有 0.67％。不过，虽然处于高位，该股却连续密集地出现了很多空中加油狙击点，股价维持在高位横盘。1 月 31 日，也就是图中的最后一天，因为连续三天盘中跌破了 MA10，所以软件发出了卖出箭头信号，这也是最后一次逃命机会，如果忽略了这一次仅有的机会，那么等待投资者的将会是万丈深渊。我们再看该股后期的走势。

图 2－1－30 是华仁药业（300110）在高位横盘后的走势图，该股在 2018 年 2 月开始停牌，2 月 9 日复牌后开始连续大跳水，在连续封住 7 个跌停板之后第八天打开跌停板，股价已经暴跌超过 50％，持股者损失惨重。

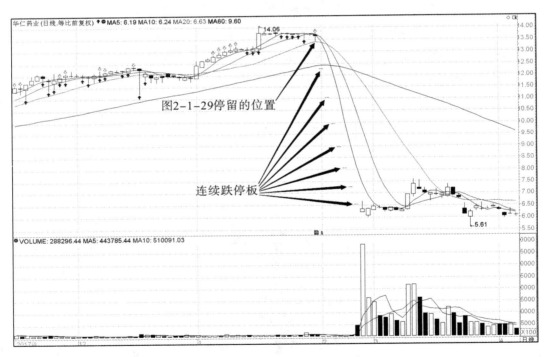

图 2－1－30

（4）短线涨幅过大的股票。尤其是短时间连续大涨超过 50％甚至 100％的个股，在起涨的时候没有给出买入箭头信号，但是到了高位却给出了买入箭头信号，这个时候由于累计涨幅巨大，调整的风险也非常巨大，调整的幅度也会较大，实战中也应该放弃买入操作。下面看一个案例。

　　图2-1-31是市北高新（600604）在2018年10月至2019年3月一段时间的走势图，可以看到该股在2018年11月走出了一波连续涨停拉升的超强势行情，但是那段时间始终没有给出买入箭头信号。进入2019年2月后，该股再次走出连续拉升的行情，从2月初到3月中旬该股股价暴涨，涨幅超过200%，但是，在此期间一直没有给出买入箭头信号，直到图中最后一天的3月15日，股价回到空中加油狙击点才给出了买入箭头信号，但此时股价累计涨幅巨大，实战中应该放弃买入操作。我们再看该股后期的走势。

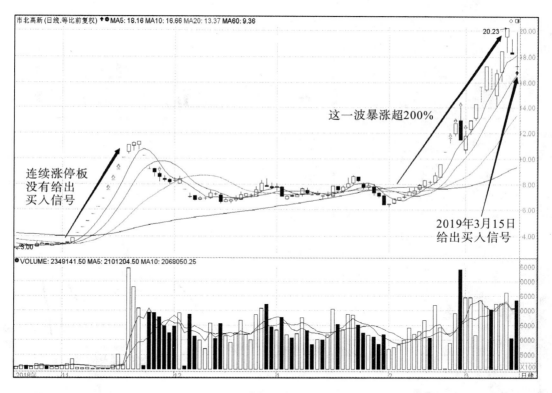

图 2-1-31

　　图2-1-32是市北高新（600604）在给出了买入箭头信号之后一段时间的走势图，可以看到该股在高位给出买入箭头信号之后并未继续上涨，而是弱势震荡，并在几天后给出了卖出箭头信号，股价随后逐波走低。

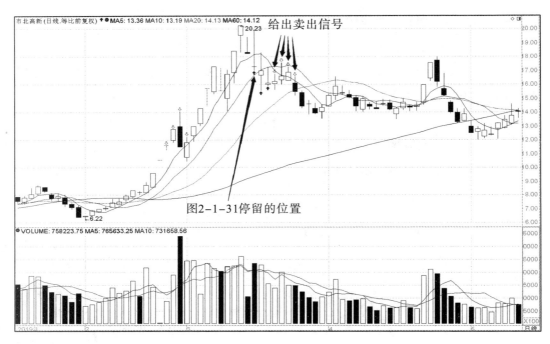

图 2—1—32

下面再看一个案例。

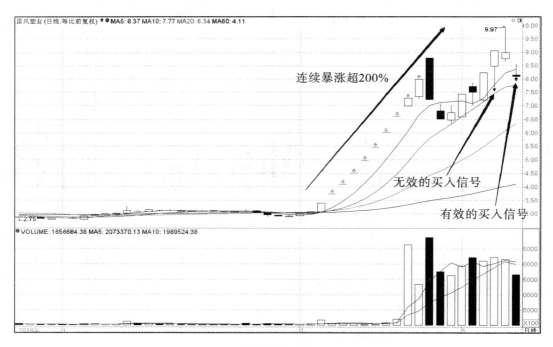

图 2—1—33

图 2－1－33 是国风塑业（000859）在 2018 年底至 2019 年 3 月一段时间的走势图，可以看到该股从 2019 年 2 月 12 日开始连续涨停，一个多月的时间就暴涨了 200％以上，但是行情启动之前和中途都没有给出买入箭头信号。3 月 6 日虽然给出了一个买入箭头信号，但是个无效信号。直到图中最后一天的 3 月 8 日，才出现了一个有效的买入箭头信号，但是此时股价累计涨幅巨大，实战中应该放弃买入操作。我们再看该股后期的走势。

图 2－1－34 是国风塑业（000859）在给出了买入箭头信号之后一段时间的走势图，可以看到该股在高位给出买入箭头信号之后反而开始逐渐走弱，第二天就给出了卖出箭头信号，据此操作，可以止损。

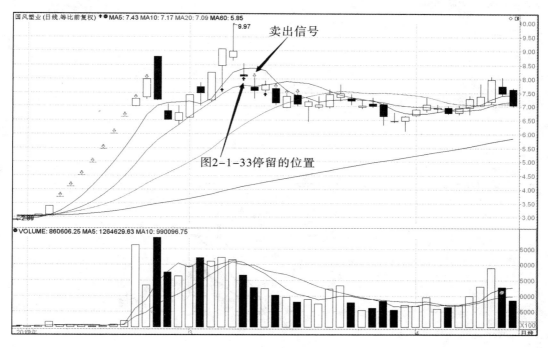

图 2－1－34

（5）MACD 指标顶背离的股票。个股股价创新高之后，MACD 指标并未跟随股价再创新高，这就出现了顶背离，尤其是股价经过了两波大涨之后的个股更是要小心，这样的高位股票即便给出买入箭头信号也不要操作。下面看一个案例。

图 2－1－35 是顺网科技（300113）2018 年底至 2019 年初一段时间的走势图，图中将 MACD 指标放大以便观察其形态。该股从 2019 年 1 月底开始经历了两波大涨，到 2019 年 4 月再创新高，但 MACD 指标的两条线在回落之后却没有能够再创新高，此时股价回落，软件给出买入箭头信号，但需要高度警惕，最好不要贸然操作。下面看看该股后期的走势。

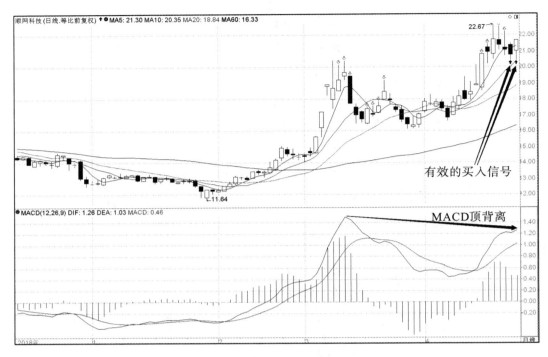

图 2-1-35

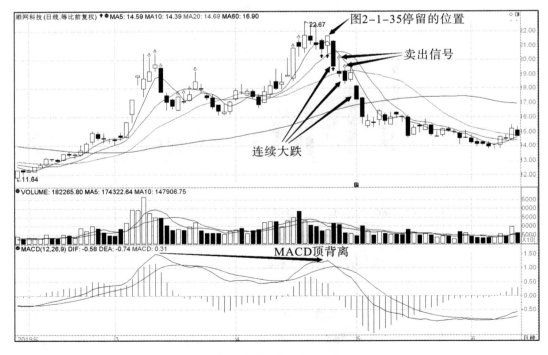

图 2-1-36

图2－1－36是顺网科技（300113）在2019年4月24日连续两天给出买入箭头信号之后的走势图，可以看到MACD指标顶背离，在高位给出买入箭头信号之后股价迅速大跌，买入信号失败。

下面再看一个案例。

图2－1－37是穗恒运A（000531）在2018年底至2019年4月的走势图，图中将MACD指标放大以便观察其形态。可以看到该股在2019年4月19日给出了买入箭头信号，但是当时股价明显创新高了，MACD指标却明显回落，顶背离态势很明显，实战中，这样的买入箭头信号最好不要操作。下面看看该股后期的走势。

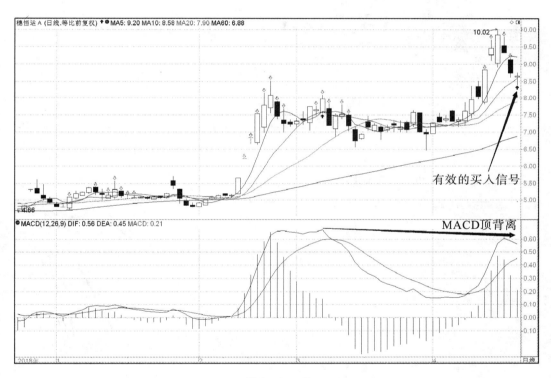

图2－1－37

图2－1－38是穗恒运A（000531）在给出了买入箭头信号之后的走势图，可以看到该股第二天收盘跌破了MA10，但仍然发出买入箭头信号，第三天因为连续三天跌破MA10，系统给出了卖出信号，此后股价略微反弹后连续下跌，最终跌破MA60，买入信号失败。

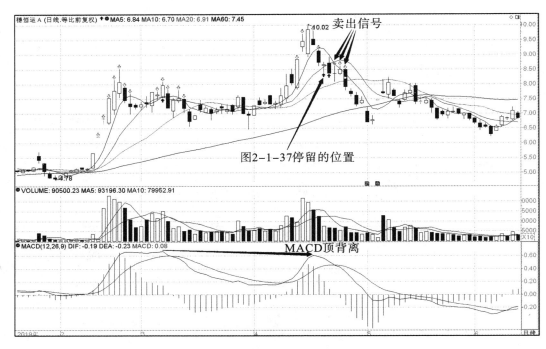

图 2—1—38

（6）对高位时间窗口变盘向下的股票，不能买入。

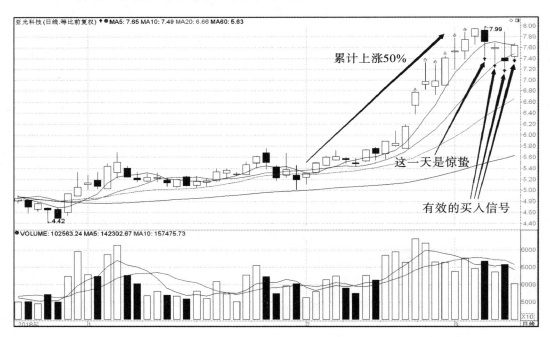

图 2—1—39

图 2—1—39 是亚光科技（300123）在 2018 年底至 2019 年 3 月的走势图，可以看到该股从 2019 年 2 月开始一波拉升，涨幅达 50％左右，在 3 月 6 日冲高回落收小阴线，成交量不算太大，MACD 也没有顶背离，均线形态也非常好。当天开始股价连续四天都回到空中加油狙击点，系统给出了买入箭头信号，一切都看起来很好。但是查询万年历得知 3 月 6 日是农历惊蛰节气，第二天凌晨又是二月初一的朔，所以 3 月 6 日这天是非常敏感的时间窗口，经历一波较大的上涨之后在这一天创新高并冲高回落的走势很有可能是阶段性上涨趋势结束的标志，所以实战中应该避免在这种情况下买入。我们再看看该股后期的走势。

图 2—1—40 是亚光科技（300123）在给出了买入箭头信号之后的走势图，可以看到该股下一个交易日就因为连续三天跌破 MA10，此时系统给出了卖出信号，之后股价陷入弱势调整之中，未能继续上涨。买入信号失败。

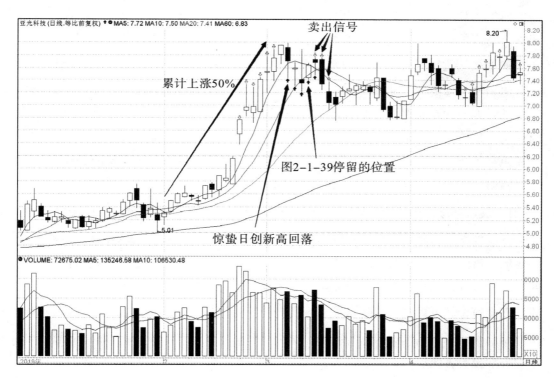

图 2—1—40

 第二节 实战卖点判断技巧

卖点判断技巧的实质是判断上涨趋势是否已经结束，实战中投资者应该提前判断下一个交易日有无可能出现空中加油战法的卖出条件，这样做到心中有数，等到卖出信号真正出现之时，能够及时卖出，锁定利润或减少亏损。

如果市场处于熊市，或者市场连续上涨很长时间后刚开始进入调整，在这种情况下，我们持有的股票出现了任何一个卖出条件都应该果断卖出，以尽可能地落袋为安或规避风险。这是弱市之中保护资金安全的关键措施，绝不可心存侥幸，贻误时机，造成亏损扩大，以至于无法收拾。

而当大盘进入牛市，或者市场连续下跌很长时间后刚开始放量上涨，在这种情况下，持有的股票只出现了一个卖出条件还可以适当容忍，持股观察。因为我们的空中加油战法卖出条件的设置本来就非常严苛，股价稍微走弱，系统就可能出现卖出箭头信号，这就很可能造成失误，把上涨途中的技术调整判定为上涨趋势结束，鉴于此，有些卖出信号程度比较轻微的可以暂时容忍，但是如果一只个股的走势同时满足了两个以上的卖出条件，那么上涨趋势结束的可能性就很大了，那就应该先行卖出。下面，我们在通达信软件上面引入卖出箭头对空中加油战法的卖出条件一一进行分析，具体讲解实战卖点判断的技巧。

1. 股价连续三天盘中跌破 MA10，或者收盘价跌破 MA20，或者盘中跌破 MA60。

这三种现象之所以放在一起讲，是因为它们都是以股价跌破均线来作为判断趋势的走弱、遭到严重破坏乃至结束的标志。因为每一条均线分别代表了一定时间之内的平均持股成本，而当上升趋势形成之后，这些平均成本都成为股价的支撑位，所以是否跌破支撑位就可以作为判断趋势是否良好的依据。这三个条件我都已经将其设置到了专家系统公式的卖出箭头信号之中，盘中只要出现这三种现象就会给出卖出箭头信号，提醒投资者应该卖出股票。

（1）股价连续三天跌破 MA10。

这三个卖出条件的设置是按照趋势走弱的程度步步加深的，也就是说连续三天跌破 MA10 只是股价开始走弱的苗头，还不算是趋势彻底结束了，如果是在个股上升趋势的初期，前期涨幅不大，下跌时成交量不大，给出卖出箭头信号的当天股价收盘站上了 MA10，符合以上条件并且没有出现其他卖出条件的话，可以适当容忍，暂时持股观察股价是否继续走弱，以决定是否卖出股票。下面看一个股价略微走弱后趋势并未破坏的案例。

图 2—2—1 是华新水泥（600801）在 2018 年 8 月至 2019 年 3 月的走势图，可以看到该股在 2018 年底持续下探，进入 2019 年后开始大幅回升，经过连续走强后在 2019 年 3 月下旬创半年新高，此后在 3 月 25 日、26 日、27 日连续回落到空中加油狙击点，连续三天都出现了买入箭头信号。但是这三天的最低点都跌破了 MA10，因此在图中最后一天的 3 月 27 日给出了卖出箭头信号。

此时，我们需要进行综合研判：该股创半年新高的时候温和放量，下跌之时缩量，均线多头排列非常流畅，没有出现 MACD 指标顶背离的情况，该股从最低位上涨约 40% 多，但考虑到之前经过连续急跌，这个涨幅不算太大，而系统给出卖出箭头信号的当天股价重新走强，不仅站上了 MA10，也站上了 MA5。综合来看，该股连续三天跌破 MA10，可以继续持有再观察下一个交易日的情况，再决定是否卖出股票。我们再来看看该股后期的走势。

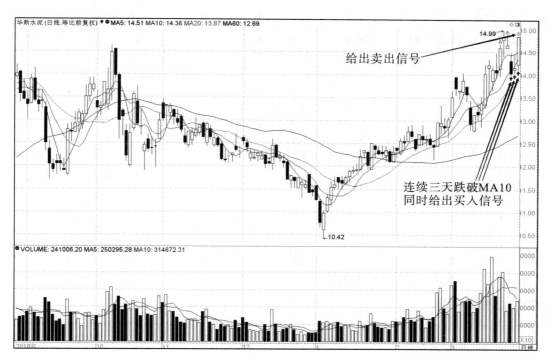

图 2—2—1

图2—2—2是华新水泥（600801）在给出了卖出箭头信号之后的走势图，可以看到该股下一个交易日继续收阳线并且未再跌破 MA10，此后股价更是展开了加速拉升，因此，投资者可在出现第三类卖出信号的时候，再卖出股票。

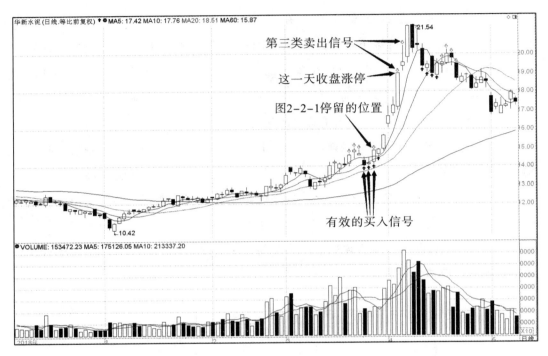

图 2—2—2

下面再看一个走弱后趋势被破坏的案例。

图2—2—3是鹏博士（600804）在2018年11月至2019年3月的走势图，可以看到该股从2019年2月开始连续拉升，创新高后在2019年3月13日回落到空中加油狙击点，形成买点。第二天早盘继续给出买入箭头信号，但当天开始连续三天收盘都跌破了 MA10，并在图中最后一天的3月18日给出了卖出箭头信号。此时，需进行综合研判：股价创半年新高，放量较大，回落逐渐缩量，MA5 死叉 MA10，多头排列遭到破坏，没有出现 MACD 指标顶背离，从2月初低位最大上涨70％左右，涨幅较大，而且给出卖出箭头信号的当天股价也未能站上 MA10，所以可以判断该股走势较弱，最好卖出或减仓。我们再来看看该股后期的走势。

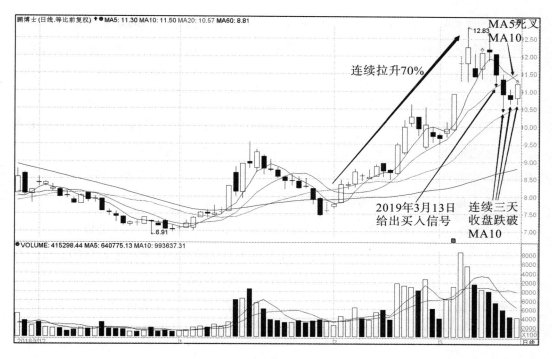

图 2—2—3

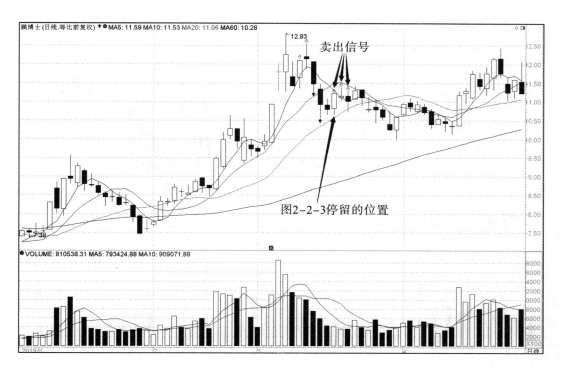

图 2—2—4

图2-2-4是鹏博士（600804）在给出了卖出箭头信号之后的走势图，可以看到该股下一个交易日继续收在MA10之下并继续给出卖出箭头信号，此后股价陷入了弱势横盘的状态，并跌破了MA20。

（2）收盘价跌破MA20。

一旦收盘价跌破MA20，说明上升趋势受到严重考验，一般情况下都应该卖出股票，不要再抱侥幸心理，即使卖出后股价又重新走强也不用后悔，大不了换股操作。事实上，重新走强的情况不多，大多数情况下跌破MA20就意味着上升趋势结束了，应该以规避风险为主。下面看一个案例。

图2-2-5是山西汾酒（600809）在2018年底至2019年4月的走势图，可以看到该股从2019年1月中旬开始，均线形成多头排列之后持续震荡向上，其间股价没有跌破过MA20，中途股价屡屡回到空中加油狙击点，形成了许多良好的买点。持有该股直到图中最后一天的4月11日，收盘股价跌破了MA20。这是从均线形成多头排列之后的首次跌破MA20，趋势结束的意味更强，应该果断卖出股票。我们再来看看该股后期的走势。

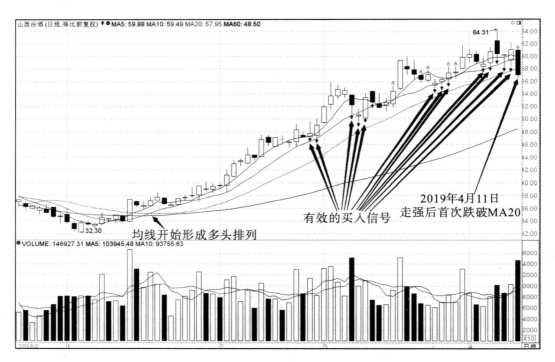

图2-2-5

图 2—2—6 是山西汾酒（600809）在 4 月 11 日收盘价跌破了 MA20 之后的走势图，可以看到该股从这一天开始由上升趋势转为了震荡横盘，随后略微反弹后又向下跌破了 MA60，在出现收盘价跌破 MA20 的情况下，果断卖出股票，可以避免损失。

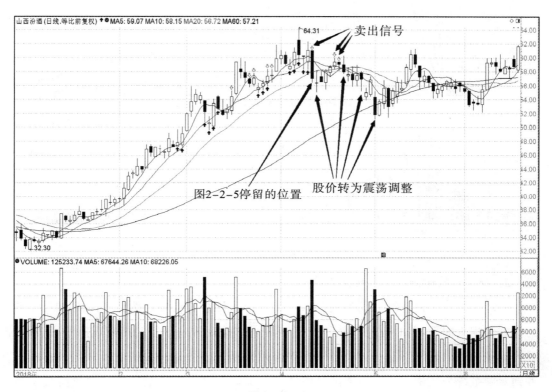

图 2—2—6

（3）股价盘中跌破 MA60。

在均线多头排列并且 MA10、MA20、MA60 这三条均线方向都向上运行的情况下，一般都会先出现前面两个卖出条件，未出现前两个卖出条件而直接跌破 MA60 是非常罕见的，设置这样一个卖出条件主要是为了提醒投资者，尤其是在出现了前面两个卖出条件之后仍然心存侥幸的个别投资者，股价再继续跌破 MA60 就是完全破位了，必须无条件止损！（见图 2—2—7）

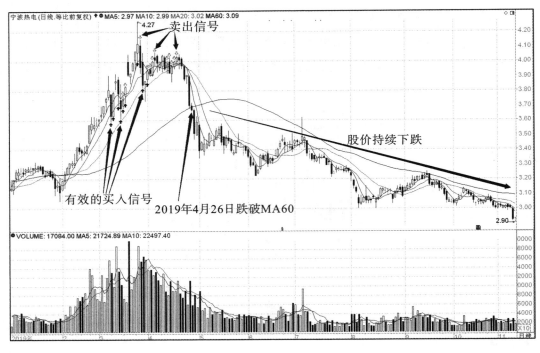

图 2－2－7

2. MA10 的运行方向拐头向下。

一般来说，股价连续三天跌破 MA10 的卖出条件会先出现，然后才出现 MA10 的运行方向拐头向下，如果在出现了前一个卖出条件之时选择了暂时持有观望的投资者，看到本条件的出现则不能再无动于衷了，必须果断卖出股票。投资者可以将其提前设置到专家系统公式中，盘中只要满足条件，系统就会给出卖出箭头信号，提醒投资者应该卖出股票。来看一个案例。

图 2－2－8 是峨眉山 A（000888）在 2018 年 8 月至 2019 年 4 月的走势图，可以看到该股从 2019 年 3 月初股价创半年新高之后，开始屡屡给出买入箭头信号，股价也逐级走高，到了图中最后一天的 4 月 8 日，MA10 开始向下拐头，同时出现了卖出箭头信号，此时预示着上升趋势即将结束，应该果断卖出股票。这是因为 MA10 的计算方法是将最近 10 个交易日的收盘价求和再除以 10，所以今天的 MA10 就等于昨天的 MA10 减去 10 天前收盘价的十分之一再加上今天收盘价的十分之一，即 MA10 向下拐头的条件也就是今天的收盘价低于 10 天前的收盘价，所以投资者每天在盘中最好先看看 10 天前的收盘价是多少，做到心里有数，一旦今天收盘跌破这个价位就说明 MA10 向下拐头了，就要卖出股票。我们再来看看该股后期的走势。

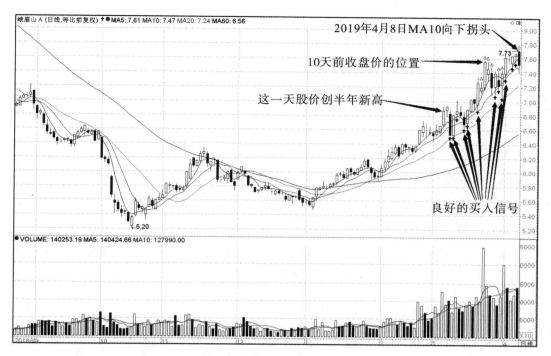

图 2—2—8

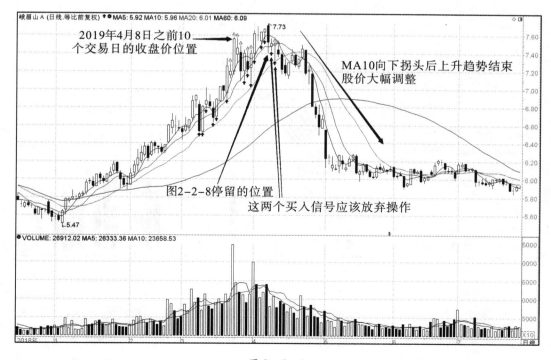

图 2—2—9

图2—2—9是峨眉山A（000888）在出现MA10向下拐头之后的走势图，可以看到该股从这一天开始，上升趋势转为向下调整。此时，需要重点注意的是，下一个交易日的4月9日又给出了买入箭头信号，因为已经出现MA10向下拐头，所以看到这个买入信号应该放弃买入操作。此后，股价再次给出了卖出箭头信号并向下调整，MA10拐头向下就是趋势结束的信号。

3. 股价大幅拉升，造成某一时刻的上线距大于中线距。

这个卖出条件是投资者最希望出现的，因为它通常代表股价短线连续拉升五天左右，因为一般情况下只有这种走势才能造成上线距大于中线距。需要注意的是，如果当天股价涨停就可以暂时持有，等待第二天系统继续给出卖出信号，并且若不能继续涨停则卖出。投资者可提前设置好专家系统公式，盘中只要出现这一条件，系统就会给出卖出箭头信号，提醒投资者应该卖出股票。下面看一个案例。

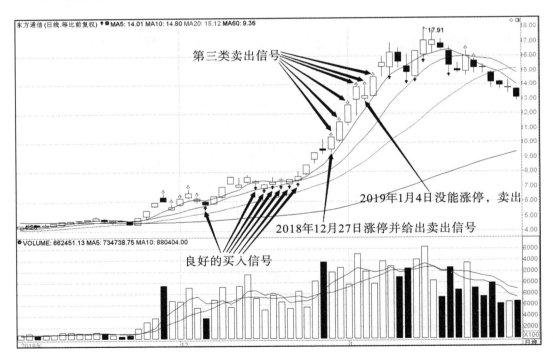

图2—2—10

图2—2—10是东方通信（600776）在2018年底至2019年初的走势图，可以看到，该股从2018年12月中旬连续出现空中加油狙击点之后股价又展开了一轮暴涨，12月27日这天涨停并开始出现卖出箭头信号，此后连续四天封住涨停板同时出现卖

出箭头信号，到了第五天的 2019 年 1 月 4 日该股最终没能涨停，而且卖出信号仍然存在，所以应该卖出股票。卖出之后股价还在继续大幅拉升，考虑到这是一只超强势的个股，所以才会出现这样的状况，但因为已经获利不小，所以不必后悔。

4. 股价经历持续上涨后进入历史重要阻力位，或者出现放量大阴线。

（1）股价经历持续上涨后进入历史重要阻力位。

寻找重要阻力位的方法很多，主要有：历史重要高低点、画趋势线、黄金分割位、筹码密集峰、重要缺口等，此处不做过多介绍，投资者自己擅长使用哪一类方法，就在实战中尝试运用哪种方法。这里我们以历史高低点举例。

图 2－2－11 是贝达药业（300558）在 2018 年 9 月至 2019 年 3 月一段时期的走势图，图中倒数第三天和倒数第二天都回到空中加油狙击点，系统给出了买入箭头信号，之后股价冲高，在图中最后一天的 3 月 12 日股价最高达到 49.20 元，此时系统没有给出卖出箭头信号，但是结合历史走势图看，49 元附近是重要阻力位，最好选择卖出股票。下面我们再看该股的周 K 线图。

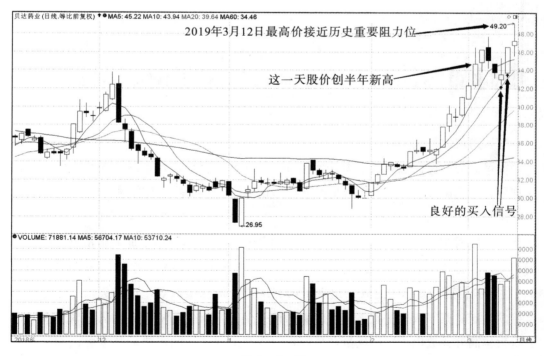

图 2－2－11

图 2－2－12 是贝达药业（300558）上市后直到 2019 年 3 月的周 K 线图，可以看

到该股从上市后长期震荡，在 2018 年的最低点 49.63 元附近画出一条直线，这条线也是股价在 2018 年之前几年震荡的支撑位，但是 2018 年下半年跌破这条线之后，这里就成了重要阻力位，3 月 12 日该股最高反弹至 49.20 元，离这个重要阻力位不足 1‰，触及了强阻力位，此处逢高卖出股票是明智之举。

图 2—2—12

（2）出现放量大阴线。

放量大阴线往往意味着主力开始出货，短线往往都会出现大跌，因此我们看到这一现象先行卖出股票，在大多数情况下都是正确的。下面看一个案例。

图 2—2—13 是万马股份（002276）在 2018 年 10 月至 2019 年 3 月一段时期的走势图，可以看到该股从 2019 年 2 月 21 日开始连续两天回到空中加油狙击点，第三天的买入箭头是无效信号。此后，股价再创新高又出现第二次空中加油狙击点，进入 3 月之后股价再创新高，之后又出现了第三次空中加油狙击点，这些买入信号都是非常好的买点，其间股票一直没有给出卖出箭头信号，直到图中最后一天的 3 月 12 日，股价大幅高开并放出阶段性巨量，最后收阴线。出现这样的走势，基本可以判断是主力高位出货，应该果断卖出。我们再来看看该股后期的走势。

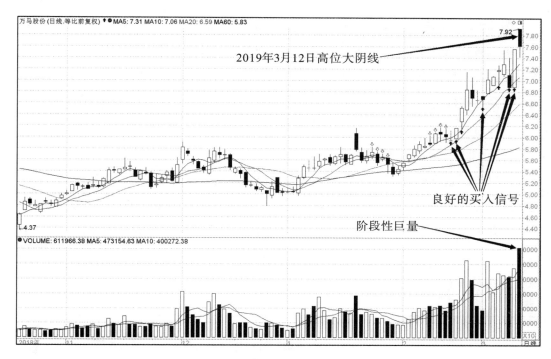

图 2—2—13

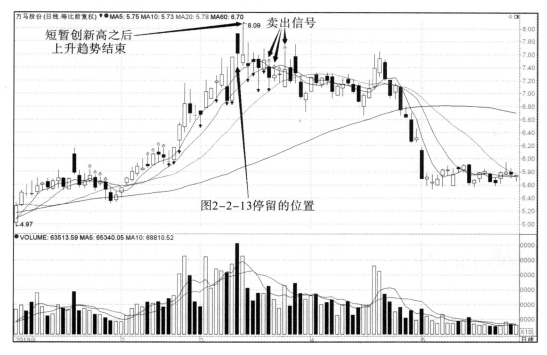

图 2—2—14

图 2—2—14 是万马股份（002276）在出现了高位放量大阴线之后一段时间的走势图，可以看到该股在高位大阴线的第二天盘中短暂创新高，此后股价转为弱势震荡，连续横盘几天后给出了卖出箭头信号，高位放量大阴线成为上升趋势结束的标志，卖出股票是正确的选择。

下面再看一个大阴线放量不明显的案例。

图 2—2—15 是耐威科技（300456）在 2018 年 9 月至 2019 年 3 月一段时期的走势图，可以看到该股进入 2019 年 3 月之后连续出现买入箭头信号，股价短暂跌破 MA10 之后继续拉升创新高，在图中最后一天的 3 月 13 日出现了大幅高开的大阴线，而成交量和前几天相差不大，没有明显放量，不过考虑到该股两个月时间最大涨幅已经达到 50％，高位收出大阴线有主力高位出货的嫌疑，为稳妥起见，此时可以卖出股票或者减仓。我们再来看看该股后期的走势。

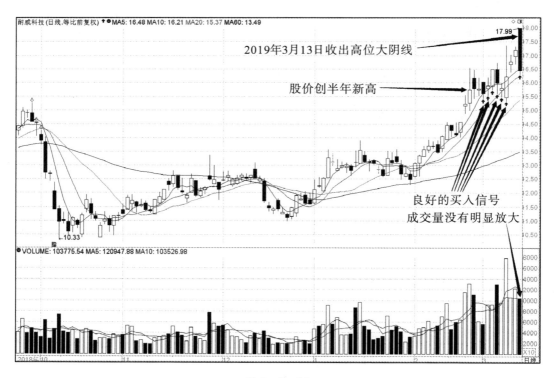

图 2—2—15

图 2—2—16 是耐威科技（300456）（现为"赛微电子"）在出现了高位大阴线之后一段时间的走势图，可以看到该股自从出现了高位大阴线之后股价转为弱势震荡，但

由于指标设置可能遇到特殊情况，系统并没有给出卖出箭头信号，此时可结合观察其后的走势，五个交易日内依次出现了连续三天跌破 MA10、MA10 向下拐头、收盘跌破 MA20 等情况，因此可以判断该股出现了卖出信号，所以应该果断卖出。

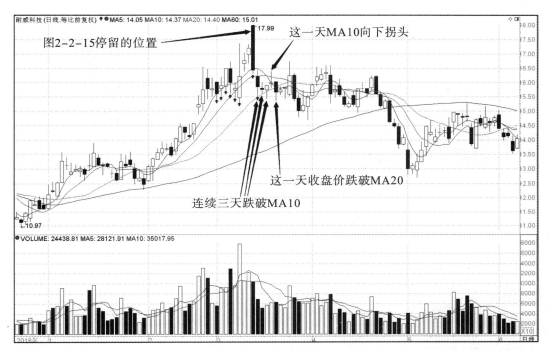

图 2—2—16

5. 根据简单技术指标和时间窗口寻找卖点。

（1）MACD 指标顶背离。MACD 指标顶背离是指在股价创新高的时候，MACD 指标中的最高那条线没能超过上一次高点的位置，如果两条线都没能超过上一次高点，就是更标准的顶背离。通常情况下，股价上升趋势非常流畅的话，是不会出现 MACD 指标顶背离的，一旦出现就说明上升趋势变得曲折。如果股价创新高的时候 MACD 指标顶背离，但是 MACD 红柱还在放大或者从绿柱变为红柱就可以暂时持有，一旦红柱缩短而 MACD 指标仍然不能创新高，就应该选择卖出；如果股价创新高的时候 MACD 指标还是绿柱并且顶背离，同样应该坚决卖出。下面看一个案例。

图 2—2—17 是今世缘（603369）在 2018 年底至 2019 年 4 月一段时期的走势图，可以看到该股从 2019 年 1 月开始持续拉升，MACD 指标也一路向上，中间陆续出现几个买入箭头信号，都是良好的买点，直到图中最后一天出现了 MACD 指标顶背离的

情况，4月4日股价再创新高但MACD指标顶背离并且还是绿柱，这一天应该果断卖出股票。我们来看看该股后期的走势。

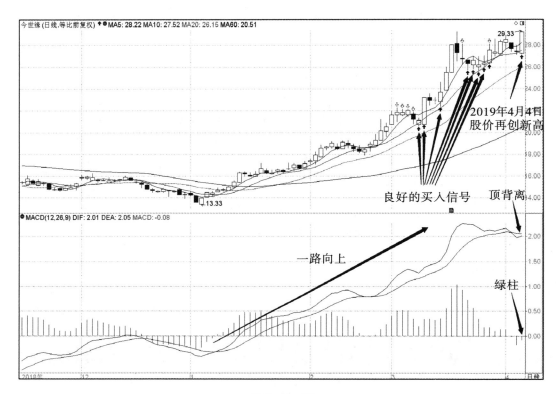

图2—2—17

图2—2—18是今世缘（603369）在出现了MACD指标顶背离之后一段时间的走势图，可以看到该股在MACD指标顶背离之后的第二天，就出现短暂冲高然后向下调整，MACD指标始终没有红柱。需要特别注意的是此后三天又给出了买入箭头信号，但是在MACD指标顶背离之后，即使系统给出买入信号，仍然应该放弃此次买入操作。因为MACD指标顶背离，是这一轮上升趋势结束的标志，投资者应该谨慎行事。

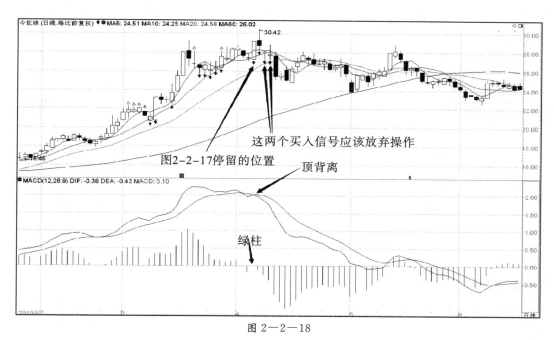

图 2—2—18

（2）KDJ 指标超买。作为摆动型指标的典型代表，KDJ 指标的波动是非常灵敏的，一般情况下 KDJ 指标的 J 值都在 0～100 之间波动，J 值在短线严重超买的情况下才会波动到 100 以上，J 值的数据可以从图 2—2—19 中看到。一只个股如果连续上涨之后出现了 KDJ 指标中 J 值达到 100 以上，就是短线卖出股票的良机。下面看一个案例。

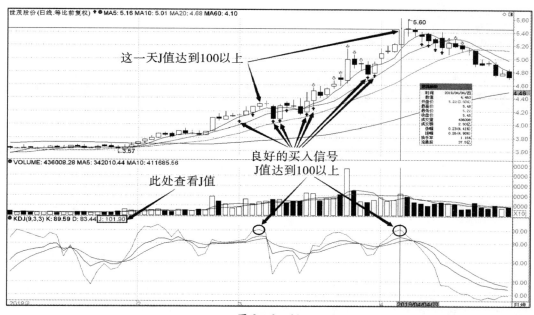

图 2—2—19

图 2—2—19 是世茂股份（600823）在 2019 年 1 月至 4 月一段时期的走势图，可以看到该股进入 2019 年 2 月下旬之后股价开始持续走强，其间连续出现买入箭头信号，在进入上升趋势之后 KDJ 指标的 J 值只有两个交易日达到 100 以上，第一次是 3 月 6 日，股价达到一个价格的短线高点，第二天短暂创新高之后出现连续几天的调整。第二次就是图中光标停留处的 4 月 4 日，KDJ 指标的 J 值再一次达到 100 以上，股价又一次达到阶段性高点。在股价连续拉升之后，KDJ 指标的 J 值达到 100 以上，是判断股价短线高点的重要指标，一旦出现这种现象可以考虑卖出股票。

（3）时间窗口。时间窗口每过一段时间就会到来，但并不是每一次都需要卖出股票，只有当时间窗口和前面任何一个卖出条件同时叠加出现时，才能加强判断趋势结束的可靠性。如果叠加出现的卖出条件越多，趋势结束的可靠性就越大，此时应该坚决卖出股票。下面看一个案例。

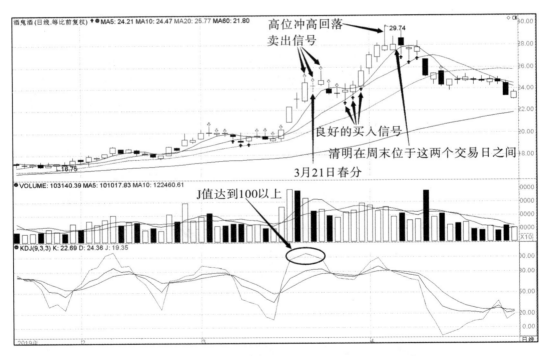

图 2—2—20

图 2—2—20 是酒鬼酒（000799）在 2019 年 1 月至 4 月一段时期的走势图，可以看到该股进入 2019 年 2 月下旬之后股价开始持续走强，其间连续出现买入箭头信号，给出了较好的买点。股价拉高后遇到的第一次时间窗口是 3 月 21 日早晨的春

分，春分前后一天都是敏感的时间窗口，前面一天 3 月 20 日出现了卖出箭头信号，下方的 KDJ 指标的 J 值也达到了 100 以上，综合三种卖出条件都已出现，应该果断卖出股票。

之后，股价回到空中加油狙击点，再次给出买入箭头信号，此时又是一次好的买点。系统连续三天给出买入信号后开始拉升，股价再创新高，到了 4 月 5 日清明节休市，但是此前的 4 月 3 日股价冲高回落，留下长上影线，4 月 4 日继续冲高回落，之后的 4 月 8 日股价再次冲高回落收阴线。在高位时间窗口附近连续冲高回落，说明上涨动力不足，同时该处也是前一年的最高点附近，是历史重要阻力位，因此必须保持谨慎。下面来看看该股最近三年的周 K 线图。

图 2－2－21 是酒鬼酒（000799）在 2017 年 4 月至 2019 年 4 月的周 K 线图，图中，在 2018 年的最高点 29.46 元画线，标出历史重要阻力位，可以看到该股在 2019 年 4 月初股价连续冲高回落的位置，就在 2018 年最高点附近，这里也叠加出现了三个卖出条件，此时应该果断卖出股票。

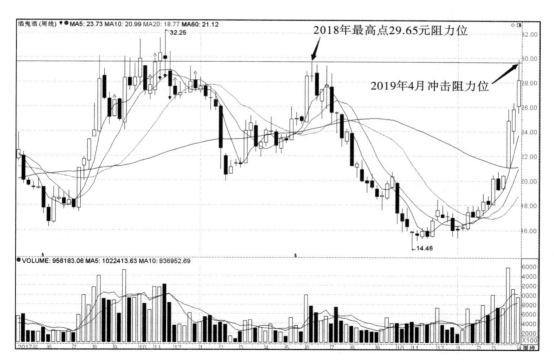

图 2－2－21

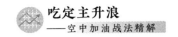

 第三节　实战心态的调整

实战中，投资者确立了自己的交易系统，设置了系统化的买点、卖点之后，并不意味着万事大吉了。我在十多年的实战生涯中发现，投资的过程中一定会遇到各种各样的问题，其间必然会有无数的干扰因素出现，投资者除了要有明确的交易系统，还需要良好的交易心态，才能稳定地获得成功。

良好的投资心态不是凭空产生的，首先要求投资者必须完全、深入、透彻地理解自己所从事的投资活动和自己所选择的交易方法。我的第一本股市实战书《主升浪擒牛战法》出版后，收到不少投资者来信，我将这些来信进行了梳理，结合自己在实战中遇到的一些常见问题，进行详细解答，希望读者朋友们真正从本质上理解投资活动，理解我们的交易方法，从而实现理性投资。

问题一：你是怎样预测大盘和个股走势的？

答：我不是神仙，没有能力预测，所以尽量不做无意义的预测。

问题二：那你靠什么在股市中赚钱呢？

答：靠趋势。我发现金融市场的运行都存在着趋势，于是等到上升趋势形成后，再买入股票并持有，上升趋势一旦被破坏，就选择卖股离开。跟随趋势不是预测，因为趋势的形成、延续、破坏都是实实在在发生的，有定量的数据来做判断依据，不是预测，更不是臆想。

问题三：如何判断趋势形成了呢？

答：在市场上发现和度量趋势的分析方法称为技术分析方法，这样的方法有许多种，我使用的方法是以均线系统为核心，加上成交量和一些简单的技术指标辅助，综合判断趋势的形成、延续、破坏，这就是本书所提出的空中加油战法的精髓。

问题四：其他的方法有哪些，也有用吗？

答：判断趋势的技术分析方法有很多，比如K线判断法、通道判断法、切线法等。至于这些方法是不是有用，需要在实战之中长期观察、总结。我认为，方法再多，不如选定一套适合自己的，才是最好的。投资者可以摸索一套属于自己的战法，也可以好好学习空中加油战法，只要你完全掌握并运用好空中加油战法，就可以做到在市场中长期、稳定赢利。而且，我必须提醒一下大家，在实战之中最好不要同时应用过多的方法来指导交易，这样反而容易让你无所适从，当断不断，最后造成投资亏损。

问题五：主力可以对一只股票进行控盘，从而刻意做出任何技术图形，因此，从K线图来判断买卖点是徒劳的吗？

答：如果是主力完全控盘的股票，其走势会变得异常呆滞、换手率极低、交投极不活跃，这样的股票就算主力想要做出虚假上涨的趋势，也做不出来走势流畅、换手活跃的图形，而且这样的股票也很好识别。大多数股票都不可能被某一个主力完全控制，都是经过市场多空力量反复博弈才形成其最终的走势，这样的股票一旦形成趋势，趋势就很有可能延续很长一段时间，我所倡导的方法主要就是把握这样的趋势性行情。

下面我们看一只典型的主力高度控盘个股的走势图。

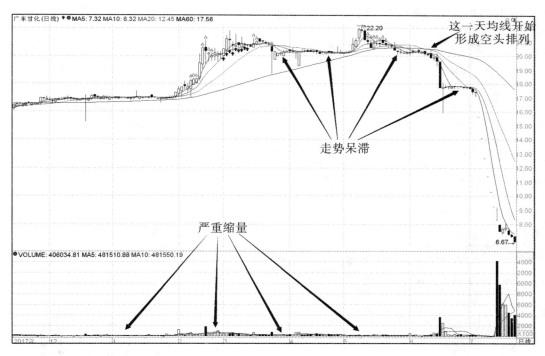

图 2—3—1

图 2—3—1 是广东甘化（000576）在 2017 年 11 月至 2018 年 7 月一段时间的走势图，可以看到该股的整个走势都非常呆滞，大盘从 2018 年 1 月见顶后开始反复下跌，但该股一直维持高位横盘直到 2018 年 6 月中旬，成交量极度萎缩，只有个别交

易日突然放量，整个走势没有多空双方资金博弈的痕迹。在股价连续跌停之前，股价就明显出现了放量下跌，均线系统也提前形成了空头排列，这样的股票投资者完全可以规避。

问题六：有些股票从低位开始起涨，短时间出现了大幅上涨，却一直没有出现空中加油战法的买入信号，我们难道就不参与，让机会就这样白白失去吗？

答：首先，任何一种方法都不可能捕捉到市场中的所有机会，这和股票行情的大小无关。这套空中加油战法追求成功率、追求主升浪，这就要求行情启动前股价先有一波上涨，到了进入加速拉升的临界点再选择介入，而从最低点起来时的第一波上涨阶段是要放弃掉的。因为那一波的上涨趋势还没有形成，不确定性较大，所以不要追求超出能力范围的收益。俗语说，弱水三千，只取一瓢，市场中的行情是无穷无尽的，我只追求能够依靠这套战法去把握的趋势性机会，总体做到大赚小亏就是成功。

下面我们看一个空中加油战法无法把握的案例。

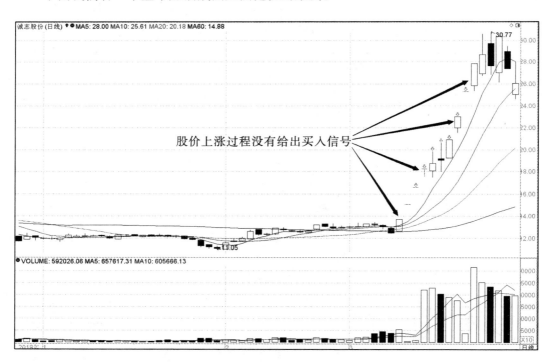

图 2－3－2

图 2－3－2 是诚志股份（000990）在 2018 年底至 2019 年初的走势图，可以看到该股进入 2019 年 3 月之后不久连续拉升涨停板，股价在半个月之内实现了翻倍，但是

其间一直没有给出买入箭头信号，这样的上涨幅度很大，但是这样的行情用空中加油战法在日线图上无法把握，放弃无法把握的个股也是我进行股票交易的核心原则之一。

问题七：有些股票从低位开始出现了很大的上涨，一直到高位才出现空中加油战法的买入信号，此时买入不是有追高的风险吗？

答：空中加油战法的实质是判断上升趋势形成了，而且很快即将展开主升浪。上升趋势的形成，前面必然有一波上涨，所以我们确实是在"追高"，但我们需要判断趋势是否可靠，后市可能还有多大的涨幅，未来延续上升趋势的可能性有多大，如果答案是肯定的，那么追高就是值得的。下面我们看一个案例。

图2－3－3是五粮液（000858）在2018年底至2019年初的走势图，可以看到该股从2019年初的50元下方连续拉升到70元附近，短期涨幅接近50%，从2019年2月20日开始该股连续出现买入箭头信号，按照传统思维，此时买入确实有追高嫌疑，但从空中加油战法的买入条件来看，全部符合，仍然是一个很好的买入机会。下面看看该股后期的走势。

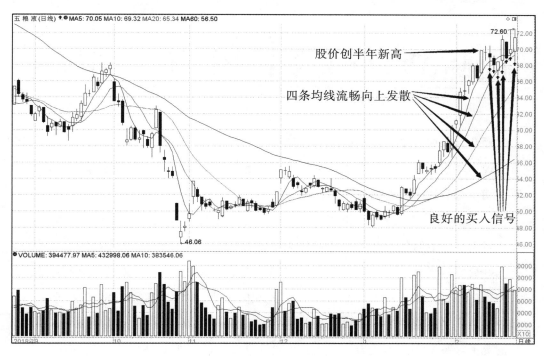

图2－3－3

图2－3－4是五粮液（000858）在连续出现买入箭头信号之后的走势图，可以看

到该股给出买入信号之后继续上升，其间出现过两次假的卖出信号，直到 3 月 19 日出现了第三类卖出信号，此时选择卖出获利幅度可达 22％左右，买入信号完全成功。所以只要上升趋势形成，适当追高是值得的。

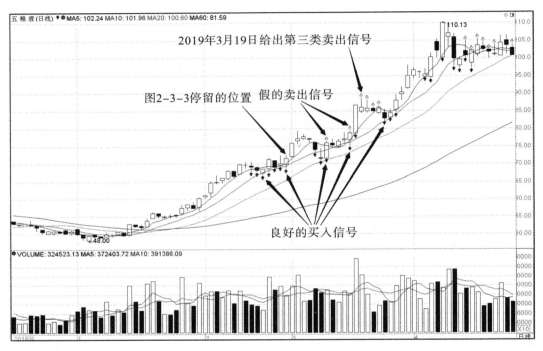

图 2—3—4

问题八：有些股票出现了空中加油站法的买入条件，但买入后股价出现下跌，紧接着出现了卖出信号，卖出股票之后它又继续上涨，相当于被洗盘洗出来了，后面的上涨利润也都丢掉了，怎么办？

答：市场行情变化万千，我这套方法的核心就是跟随趋势，当趋势结束就离场。在设置卖出条件的时候，我所秉承的原则是宁愿把趋势结束的条件设置得更严苛点，这样的好处是尽最大的可能保存我们的本金。这样做的结果肯定会出现误判，不过，我认为卖出条件出现了误判没有关系，也不必因此就怀疑空中加油战法的准确性，因为保证本金安全是第一要务，给出卖出信号的股票并不是后市都会继续上涨。事实上，多数情况下，系统在给出卖出信号之后，股价都会逐级走低，如果不卖出的话就可能越套越深，造成本金的大幅亏损。当然，如果被卖掉的股票再次走强并出现符合战法的买点，也可以再次买入。

问题九：使用空中加油战法可以做到稳赚不亏吗？

答：不可能。天底下都没有这样的战法。空中加油战法不可能达到100％的成功率，但总体上可以做到大赚小亏。首先，这套战法让投资者远离了熊市和太弱的股票，大多数投资者的亏损都是发生在熊市或者太弱的个股上，空中加油战法始终紧盯上升趋势的个股，一旦趋势被破坏就提示卖出离场，这样绝大部分的亏损都可以成功规避。当个股出现主升浪大涨的行情，空中加油战法可以非常及时地提示买入机会，让投资者把握到大涨行情的机会，这样下来就可以真正做到大赚小亏。

下面我们把上证指数当作一只股票，看看两个阶段空中加油战法显示的买卖箭头信号所提示的机会。先看一段牛市的走势图。

图2-3-5是上证指数（000001）在2014年下半年至2015年7月的走势图，可以看到大盘进入2014年8月之后连续给出买入箭头信号，其间也经常给出卖出箭头信号，直到2015年6月大盘达到高位之后连续三天给出卖出箭头信号，之后大盘出现大幅度下跌，再未出现买入箭头信号。投资者据此买卖信号操作，再辅之以实战判断技巧，完全可以做到在牛市之中捕捉牛股，而在熊市来临之前顺利逃顶。

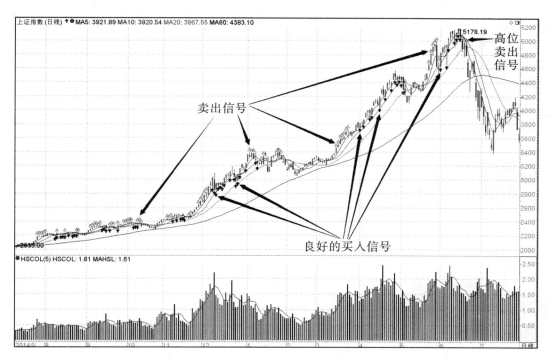

图 2—3—5

事实上，2015年5月后指数再创新高，MACD指标已经顶背离，此时出现的操作机会应该谨慎对待，更何况股市大幅下跌之前连续三天放出卖出箭头信号。据此操作，投资者完全可以把握主升浪，并且成功在高位逃顶。

下面再看一段熊市的走势图。

图2—3—6是上证指数（000001）在2017年底至2018年底的走势图，可以看到大盘进入熊市的状况，只有2018年初出现了买入箭头信号并迅速给出卖出箭头信号，其余时间都没有出现买入信号，这种情况下，投资者就应该空仓观望，等待熊市过去，从而规避熊市带来的风险。

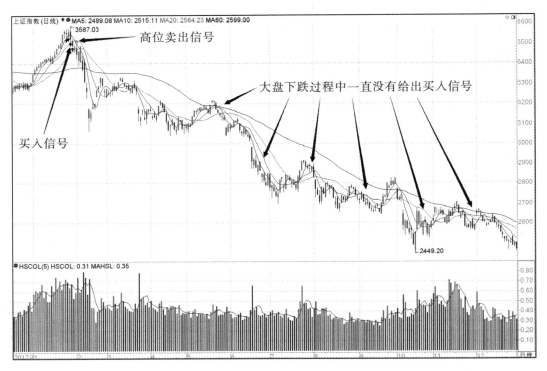

图 2—3—6

从上面上证指数在牛熊市之中空中加油战法买卖信号的表现来看，依靠空中加油战法的买卖信号提示进行严格操作，准确率极高，可以规避市场绝大部分的下跌，而且抓住市场拉升最主要的阶段，从而实现大赚小亏。

第三章
空中加油战法实战运用

实战中，使用空中加油战法进行操作，还需要结合大势，根据不同的市场状况选择不同的战法策略，这样才能使投资的收益最大化。具体来说，就是要在牛市中尽量捕捉大牛股的主升浪，在震荡市中捕捉阶段性反弹黑马股的主升浪，弱市中捕捉逆市走强牛股的主升浪。这就要求我们首先对大盘的牛熊状况有个基本判断，然后对国际上有重要影响的主要股市和商品指数进行牛熊判断，再筛选出当前的强势板块，从中选择个股进行操作。本章的主要内容就是阐释如何判断不同市场状况和选择强势股，以及在具体操作环节如何灵活运用大小不同的时间周期对股票主升浪进行把握。

 ## 第一节　大盘和板块牛熊市判别

市场大环境对我们操作个股具有非常大的影响力。首先，我们要判断大盘是牛市还是熊市，不同的市道，我们的操作策略和仓位控制是完全不同的。其次，要判断强势板块和外围市场的强弱。最后，我们再从中筛选强势个股，这样才能确保操作个股的成功率。

1. 大盘牛熊市的判断。

大盘的运行状态一般分为牛市、熊市、震荡市三种，A股市场具有牛短熊长的特征，而介于二者之间的震荡市又占据了很大的比例。在不同的市场状况下选择不同的操作策略，往往会带来事半功倍的效果，这也是投资者进行股票操作首先要搞清楚的。本节，我将介绍三种对判断大盘所处市况非常有效的指标和方法。

（1）均线判断法。

有人喜欢以一根均线来判断牛市和熊市，一般都是年线或半年线，也就是250日均线或120日均线，通常称之为牛熊分水岭，不过多用250日均线来判断，一旦大盘指数站上了这条线就判断为牛市，跌破这条线就判断为熊市。但我认为，这样并不能真正有效判断牛熊市。最简单的案例，就是从2016年9月之后到2018年2月之前的这段时间之内，大盘指数绝大多数时间都运行在年线的上方，这段时间虽然大盘总体以温和上涨为主，但是却远远不能称之为牛市。下面来看看大盘在那段时间的走势。

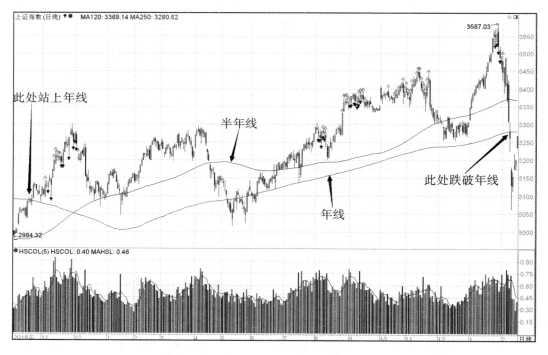

图 3—1—1

图3—1—1是上证指数（000001）从2016年9月至2018年2月这段时间的日K线图，为了方便大家看清均线的运行方式，图上只设置了120日均线和250日均线。可以看到大盘

在这段时间内基本都是在 250 日均线之上运行，只有中间的 2017 年 5 月至 6 月短暂跌破过 250 日均线。但是这段时间的大盘根本不是投资者热切期盼的牛市，最多只能算是震荡市。

　　既然不能简单地用一根均线来判断大盘的牛熊市，那么有什么更好的办法吗？当然有，经过多年实践，我发现可以用空中加油战法的四根均线来判断大势。需要注意的是，在日 K 线图上面判断时间周期不够，应该至少在周 K 线图上面进行判断。具体来说，当四条均线全部形成多头排列，而且其中的 MA10、MA20、MA60 全部向上运行，就可以判断为牛市；当四条均线全部形成空头排列，而且其中的 MA10、MA20、MA60 全部向下运行，就可以判断为熊市；介于二者之间的就是震荡市。下面我们来看看最近十多年几个阶段的大盘走势是否符合这个规律。

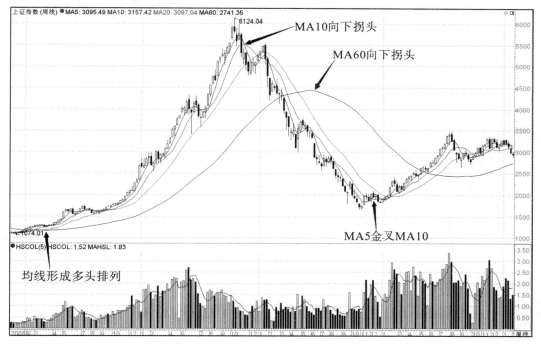

图 3—1—2

　　图 3—1—2 是上证指数（000001）从 2005 年底至 2010 年初这段时间的周 K 线图，图上设置了空中加油战法的四条均线，可以看到大盘在 2006 年 3 月之后均线系统形成了多头排列，而且 MA10、MA20、MA60 全部向上运行，此时就是牛市的开始。此后，大盘开始拉升，在进入 2006 年 7 月之后陆续出现了 MA5 死叉 MA10 和 MA10 向下拐头的现象，但是很快 2006 年 9 月又重新形成了牛市特征，这次算是牛市之中的短暂震荡市。

然后大盘一路向上，在 2007 年 6 月至 7 月又出现了 MA5 死叉 MA10 的现象，不过 MA10 始终没有向下拐头，这一次只是牛市之中的较大调整。直到 2007 年 11 月下旬，MA10 开始向下拐头并持续向下，牛市结束了，从 2006 年 9 月算起牛市持续了 58 周。

牛市结束后并没有马上就进入熊市，在均线系统形成空头排列之前都是震荡市，但是 2008 年 2 月之后，MA5、MA10、MA20 这三条均线已经形成了空头排列，这一阶段的震荡市也是弱势震荡。从 2008 年 6 月开始，MA60 也加入到了空头排列，并且向下拐头了，此时的市场彻底进入了熊市。熊市持续到 2008 年 12 月，陆续出现了 MA5 金叉 MA10 和 MA10 向上拐头的现象，这时候可以说熊市结束了，进入了震荡市。

此后的整个 2009 年，可以说都是震荡市，因为 MA60 开始向上拐头的时候，大盘已经跌破了 MA10，很快 MA5 又死叉了 MA10。不过，虽然是震荡市，但从 2009 年 3 月后 MA5、MA10、MA20 这三条均线形成了多头排列，这一阶段的震荡市也是强势震荡。下面再来看看 2010 年至 2013 年这一阶段大盘的走势。

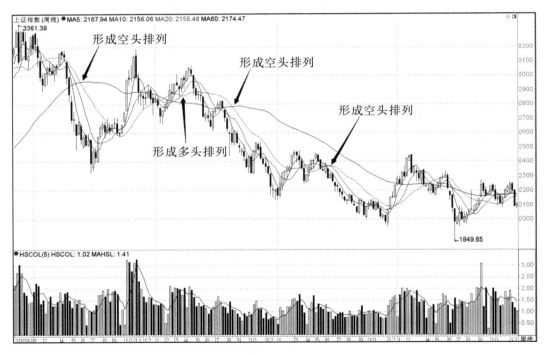

图 3—1—3

图 3—1—3 是上证指数（000001）从 2009 年底至 2013 年底这段时间的周 K 线图，图上设置了空中加油战法的四条均线，可以看到大盘在 2010 年 7 月之后均线系统形成

了空头排列，MA60 也开始向下拐头，此时形成了熊市，但时间很短，4 周后 MA10 向上拐头，结束了熊市，进入震荡市。到了 2011 年 3 月下旬，均线又形成了多头排列，而 MA60 还在向下运行，进入 4 月后 MA60 勉强有两周微弱向上运行就再次向下拐头，所以不能算是进入了牛市，只是一次较强的反弹行情。2011 年 9 月和 2012 年 6 月，大盘又形成了两次熊市行情，但时间都不长。2013 年基本全年都是震荡市。下面再来看看 2014 年至 2018 年这一阶段大盘的走势。

图 3—1—4

图 3—1—4 是上证指数（000001）从 2014 年初至 2018 年底这段时间的周 K 线图，图上设置了空中加油战法的四条均线，可以看到大盘在 2014 年上半年基本也是震荡市，直到 2014 年 9 月形成了多头排列，再次展开了一次大牛市行情，这一次牛市持续了 41 周。其间，2015 年 2 月至 3 月短暂出现了 MA5 死叉 MA10 的情况，但 MA10 一直没有向下拐头，所以只是牛市之中的较大调整。2015 年 6 月的第四周 MA10 向下拐头了，牛市结束。此时，行情出现了大幅下跌，但并不是熊市，那是乐极生悲造成的猛烈下跌，2015 年下半年都是属于震荡市。2016 年，只有年初短暂形成了 7 周的熊市，此后反弹进入震荡市。进入 2017 年之后，大盘形成了两次多头排列，符合

MA10、MA20、MA60 全部向上运行的时间分别为 5 周和 13 周，这两次行情从技术上可以定性为小牛市。进入 2018 年之后，大盘在年初冲高，但来不及形成多头排列就大跌破位，此后在 2018 年 6 月形成了空头排列，大盘进入熊市，直到年底。

从以上对大盘最近十来年周 K 线图走势的判断来看，使用均线系统的排列来判断大盘的牛熊市有很高的准确性。先对大盘的情况有了基本的判断，然后再进行针对性的操作，牛市可满仓把握牛股，熊市则以休息为主，震荡市重点捕捉强势个股，这种操作策略，可以使得投资的成功率大幅提高。

（2）轨道线指标判断法。

轨道线指标在通达信软件上面的代码为：ENE。这是一个很好的路径型指标，特点是紧跟价格变化的趋势，同时标示出价格变化的强弱位置。轨道线指标显示在 K 线图上面，由三条线构成，分别是下轨线、中轨线、上轨线，其判断大盘牛熊的具体方法很简单：大盘指数站上上轨线为牛市，从牛市跌破中轨线牛市结束；跌破下轨线为熊市，从熊市反弹上中轨线熊市结束；介于上轨线和下轨线之间为震荡市。当然，确认大盘进入牛市或者熊市应该至少持续三根 K 线，短暂突破又重新回到原来区域，不能确定为牛市或者熊市。和均线判断大盘牛熊市一样，轨道线指标判断大盘牛熊市也是在周 K 线图上最为准确。下面来看看最近十来年几个阶段大盘的走势，利用轨道线指标判断得到的结论。

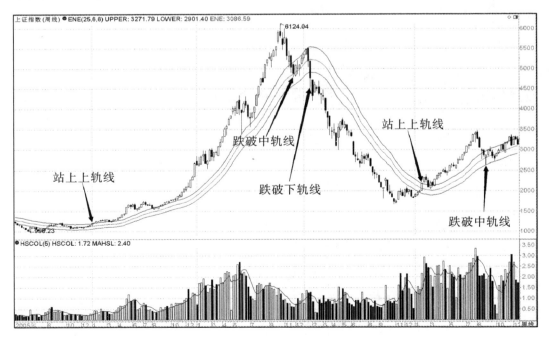

图 3—1—5

图 3—1—5 是上证指数（000001）从 2005 年跌到 998 低点，至 2009 年底这段时间的周 K 线图，图上设置了轨道线指标，可以看到大盘在进入 2006 年的第一周就站上了上轨线，进入了牛市，此后大盘的回调都在上轨线得到了支撑，没有再破中轨线，大牛市持续了 94 周，直到 2007 年 11 月底跌破中轨线，牛市结束。2008 年 1 月底，上证指数跌破下轨线，从此进入熊市，其间的反弹都没有触及下轨线，直到 2009 年 2 月初反弹上了中轨线熊市才结束。2 月初的一周，收盘直接站上了上轨线，行情由熊市进入牛市，这一次牛市持续了 30 周，直到 2009 年 9 月初跌破中轨线为止，此后进入震荡市，大盘站上上轨线都不超过 3 周。下面来看看 2010 年至 2013 年这一阶段大盘的走势。

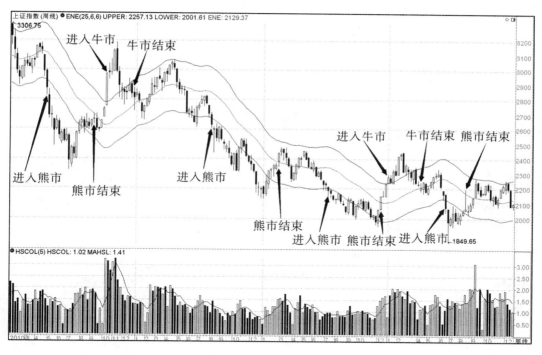

图 3—1—6

图 3—1—6 是上证指数（000001）从 2010 年初至 2013 年底这段时间的周 K 线图，图上设置了轨道线指标，可以看到大盘在这一时期大部分时间都运行在上轨线和下轨线之间，但是屡屡突破持续时间不长的"小牛市"和"小熊市"，图中标出了大盘两次进入"小牛市"和四次进入"小熊市"的位置，之所以称作"小牛市"，是因为行情持续的时间都不长，保持在上轨线之上的时间分别为 7 周和 9 周。下面再来看看 2014 年

至 2018 年这一阶段大盘的走势。

图 3－1－7 是上证指数（000001）从 2014 年初至 2018 年底这段时间的周 K 线图，图上设置了轨道线指标。可以看到，上证指数在 2014 年震荡大半年之后，在 8 月初站上上轨线从而进入牛市，这一波牛市持续了 48 周，直到 2015 年 7 月初跌破中轨线。此后，上证指数在 2015 年 8 月下旬和 2016 年 1 月初两次形成熊市，分别运行了 14 周和 24 周。再往后，上证指数没有连续 3 周站上上轨线的情况出现，整个 2017 年都是震荡市。2018 年 6 月中旬进入熊市之后，一直到年底都没有结束。

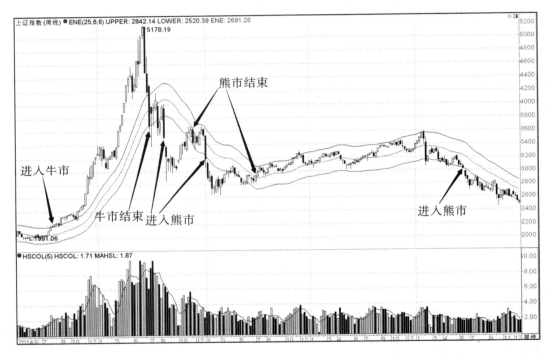

图 3－1－7

以上就是我用来判断大盘牛熊市的两种简单的方法，从以上分析可以看到，两种方法各有利弊，但总体上对大盘强弱状况的判断成功率都非常高。实战中，我通常将两种方法结合起来运用，判断牛市的时候，需要两种方法都给出牛市的判断，才确定行情性质，而判断牛市结束的时候，只需要一种方法即可确定。判断熊市确立条件宽松一点，是为了提醒自己更加注意风险，有利于做到提前规避市场风险。

2. 全球主流市场牛熊市判断。

我国股市开放的步伐越来越大。早在 2002 年，国家就开放了合格境外机构投资者

（QFII）进入 A 股市场，近年来又开通了沪港通和深港通，海外资金可以通过这些渠道自由地流入或流出 A 股市场，A 股市场受全球主流市场波动的影响也越来越大，因此判断全球主流市场的牛熊市对我们的操作较为重要。

根据经验，对沪深指数和部分板块影响较大的境外主流金融指数主要有：道琼斯指数、纳斯达克指数、香港恒生指数、美元指数、现货黄金、布伦特原油价格等。对这些境外金融指数的牛熊市判断方法，其实与判断 A 股大盘的牛熊市方法是一样的，我们仍然可以采用上述的两种方法。

（1）道琼斯工业指数简称道指，是美国股市最主要的指数，美国股市作为全球资本市场的风向标，其涨跌对全球市场有重大的影响，因此道指的趋势是我们分析国际市场的首要关注目标。需要特别注意的是，美股的上涨对 A 股市场促进作用不大，但是美股一旦出现大跌，则会对 A 股市场形成较大压力，尤其是在 A 股较弱的时候。下面看看道指近几年的走势情况。

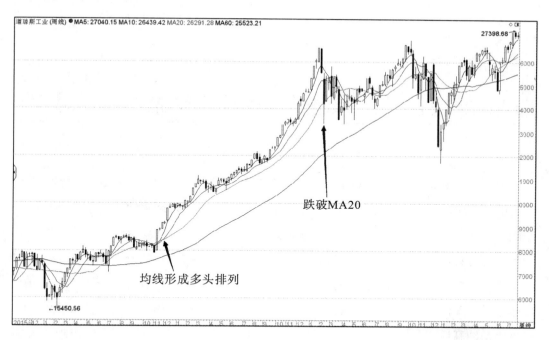

图 3—1—8

图 3—1—8 是道琼斯工业指数（A11）2015 年 10 月至 2019 年 7 月这段时间的周 K 线图。从上图可以看到，道指最近几年的大趋势持续向上，其中 2016 年 12 月初均线形成多头排列之后进入了最长时间的一波拉升，持续 62 周，直到 2018 年 2 月上旬

跌破 MA20 为止。除此之外，还有几次均线形成了多头排列，但牛市持续时间较短，并且这几年均线始终没有形成空头排列，可见道指最近几年较为强势。下面再看看同一时期上证指数的走势。

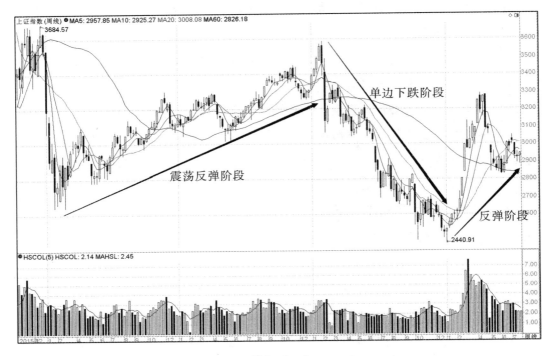

图 3—1—9

图 3—1—9 是上证指数（000001）2015 年 10 月至 2019 年 7 月这段时间的周 K 线图。由于 2015 年上半年经历了一轮大牛市以及随后的股灾，严重地透支了市场的做多动能，因此这一阶段上证指数的走势总体上远远弱于道指。但是我们仔细梳理这个阶段大盘的走势，发现其大致波动趋势仍然与道指保持一致。从 2016 年初到 2018 年初的两年，道指走出了单边上扬的大牛市行情，上证指数同样走出了震荡反弹的行情，虽然反弹高度没有超过 2015 年底的位置，但方向还是保持总体向上的。进入 2018 年，道指年初冲高后震荡回落，但在三季度再度拉升并创历史新高，但四季度出现了大幅跳水。2018 年上证指数同样在年初冲高后大幅回落，但此后基本走出了单边下跌的行情，三季度道指再创新高的时候也有所反弹，但未能扭转颓势，年底跌幅小于道指但仍创出三年新低。2019 年道指重拾升势，并在 7 月再创历史新高。同期上证指数大幅反弹四个月后回落整理。从以上对比可以发现上证指数的总体走势节奏和道指大体保

持一致，关键转折的时点二者也基本相同，尤其是道指进入牛市的时候，上证指数也总体保持利好的氛围。因此，我们研判道指的走势也对判断大盘走势强弱有重要参考作用。

（2）纳斯达克指数简称纳指，相当于美国的创业板指数，反映的是科技股的走势，因此它的走势对 A 股市场的科技股具有影响，纳指出现连续的大涨大跌很容易引发 A 股市场科技股板块的联动。下面看看纳指近几年的走势情况。

图 3－1－10 是纳斯达克指数（A12）2015 年 11 月至 2019 年 8 月这段时间的周 K 线图。从该图可以看到，纳指和道指一样最近几年的大趋势也是一路向上，其中 2016 年 12 月初，均线形成多头排列之后进入了最长时间的一波拉升，持续 61 周，直到 2018 年 2 月初跌破 MA20 为止。2018 年 10 月至 12 月，纳指出现了一轮较大的下跌，但是均线还未形成空头排列调整就结束了，纳指的走势也和道指同样牛气冲天。下面再看看同一时期我国创业板指数的走势。

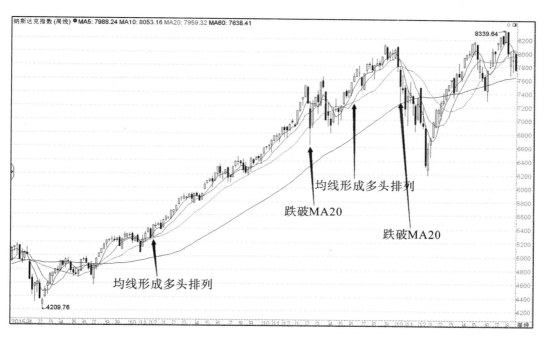

图 3－1－10

图 3－1－11 是创业板指（399006）2015 年 11 月至 2019 年 8 月这段时间的周 K 线图。由于 2015 年上半年的大牛市创业板指最大涨幅达到 590%，极大地透支了创业板个股的基本面，因此创业板指的调整持续时间非常长。纳指在这一时期总体保持了

逐波向上的牛市行情，但是创业板指却走出了震荡向下的熊市，其间均线系统屡屡形成空头排列，只有在进入 2019 年之后才迎来一波较大的反弹。

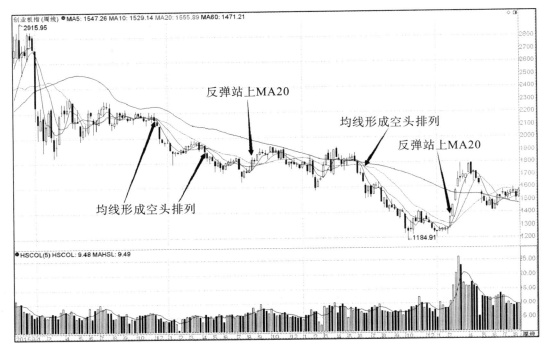

图 3—1—11

（3）香港股市具有特殊的地位，因为香港是人民币离岸结算中心，也是外资进入内地的桥头堡，A 股市场也有大量个股同时在香港上市，所以香港恒生指数的大幅波动也会对 A 股市场形成重大影响。下面看看恒生指数近几年的走势情况。

图 3—1—12 是恒生指数（HSI）2014 年初至 2019 年 7 月这段时间的周 K 线图。从上图可以看到，恒生指数的走势虽然受到美股较大影响，但是它的走势却远远弱于道指和纳指，在 2014 年下半年出现一段较长时间的多头排列，进入 2015 年之后，上半年基本是多头排列并出现一波短期大涨，下半年又大幅调整，但均线形成空头排列的时候调整也到位了。2016 年初，该指数形成了空头排列，但持续时间不长就开始反弹，下半年刚形成多头排列反弹就结束了，然后持续下跌到年底。进入 2017 年之后，恒生指数走出了一段牛市行情，从 2017 年 2 月持续到 2018 年 2 月，持续了 50 周，然后震荡向下，到 2019 年初才开始新一轮反弹。下面再看看同一时期上证指数的走势。

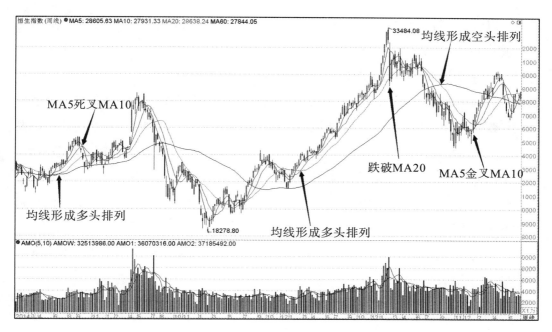

图 3-1-12

图 3-1-13

图 3-1-13 是上证指数（000001）2014 年初至 2019 年 7 月这段时间的周 K 线

图。可以看到上证指数的涨跌时间节奏基本与恒生指数保持一致，二者基本上同涨同跌，波动方向高度趋同。但是二者的涨跌幅度却相差巨大，上证指数2014年下半年至2015年上半年的大牛市涨幅非常大，恒生指数相对涨幅很小；到了2017年至2018年初恒生指数走出一轮大牛市，上证指数却只有微弱的震荡反弹；2018年二者同样单边下跌，跌幅相差不大；进入2019年之后二者也基本同步震荡反弹。从以上对比可以发现恒生指数的波动方向和上证指数保持了高度一致，2017年之前波动幅度相差较大，但2018年之后随着沪港通、深港通的开通，两市波动幅度开始接近。由于恒生指数完全对外资开放，因此从恒生指数的波动可以看出国际市场对A股的态度，对我们预判外资进出A股市场具有预警作用。

（4）美元指数也是国际金融市场上一个非常重要的指数，它代表了美元在全球外汇市场上的强弱，其走势强弱最终将引导全球游资的流向，美元指数走强会吸引全球资金流入美国，反之则引导资金流出美国，而我国A股市场也不可避免地将会受到影响。下面看看美元指数近几年的走势情况。

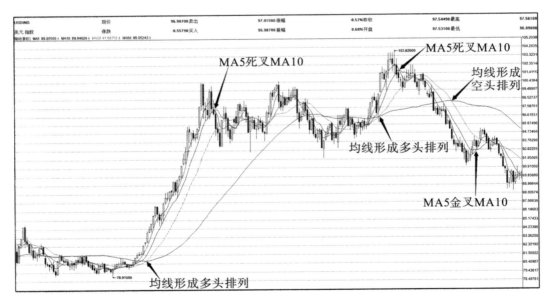

图 3—1—14

图3—1—14是同花顺软件上面的美元指数（USDIND）2013年6月至2018年3月这段时间的周K线图。可以看到美元指数是从2014年7月中旬开始持续拉升，在9月形成四条均线的多头排列的。美元指数就此展开了一轮大牛市，直到2015年3月

从 80 点上涨至 100 点附近，大涨 25％。作为世界主要货币，短期内这个涨幅可以说非常大了。下面再看看同一时期上证指数的走势。

图 3－1－15 是上证指数（000001）2013 年至 2018 年 3 月这段时间的周 K 线图。可以看到上证指数比美元指数晚了一周时间开始大涨，同样展开了一轮大牛市行情。美元指数的连续大涨刚好和 A 股市场的牛市同步启动，这不能说完全是巧合，其中有着复杂的因果关系。因为美元大涨会吸引资金流向美国，但是 A 股走出牛市行情也可以吸引资金流入股市，A 股市场此时出现牛市刚好可以把国内外的资金吸引过来，抵消美元对资金的虹吸效应。

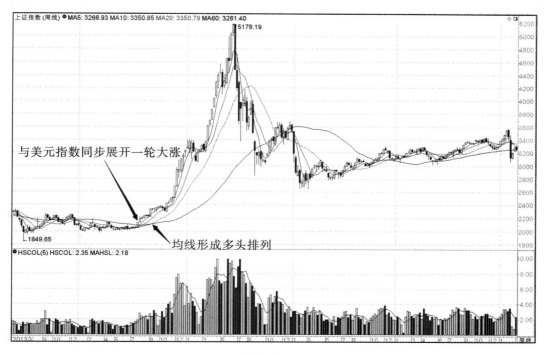

图 3－1－15

（5）现货黄金的价格波动主要影响 A 股市场上的黄金股。在美股出现大跌的时候，黄金作为避险资产很容易出现大涨，而 A 股市场的绝大部分板块都受到美股大跌影响的时候，黄金股反而容易得到现货黄金价格上涨的带动，走出逆市大涨的行情，这种情况在 2019 年 6 月就开始频繁出现。下面看看现货黄金价格近几年的走势情况。

图 3－1－16 是同花顺软件上面的伦敦金（XAUUSD）2013 年 1 月至 2019 年 8 月这段时间的周 K 线图。伦敦金是具有全球黄金定价权的标杆，可以看到它长时间维持

在一个箱体之内震荡，但是从 2019 年 6 月下旬开始，伦敦金大涨突破了箱体，同时四条均线也都形成了流畅的多头排列，可以说黄金价格进入了一轮牛市之中。这一阶段以上证指数为代表的股市总体走势仍是震荡下跌的，黄金个股却受到伦敦金突破性大涨的带动而整体走强，下面我们看看龙头黄金股的走势。

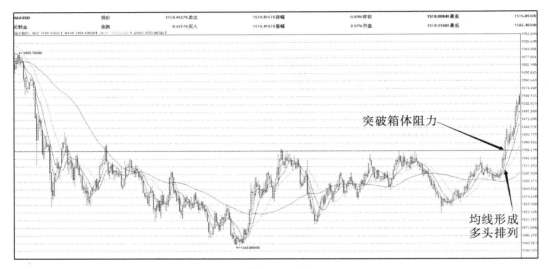

图 3—1—16

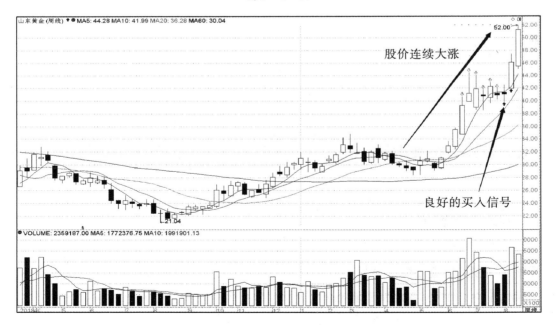

图 3—1—17

图3－1－17是山东黄金（600547）2018年3月至2019年8月这段时间的周K线图，该股是A股市场上黄金最纯正、储量最大的公司股票，可以看到该股在伦敦金突破性大涨之后紧跟着也展开了大幅拉升，短短三个月涨幅达到70%，即使等到伦敦金周K线突破之后，周K线图上也给出了买入箭头信号再买入该股，也能收获30%的涨幅。

（6）布伦特原油价格是国际两大原油价格基准指数之一。原油被誉为工业的血液，在现代社会的用途非常广泛，因此，原油价格会广泛地影响全球经济，最直接的就是影响A股市场上的原油开采、供气等板块的涨跌。下面看看布伦特原油价格近几年的走势情况。

图3－1－18是同花顺软件上面的布伦特原油（BRNOY）2016年8月至2019年12月这段时间的周K线图。可以看到原油价格从2017年10月下旬开始拉升并使均线系统形成了多头排列，这一波牛市持续了15周，此后还有两波继续创新高的行情。由于原油对国民经济的巨大影响，它的价格上涨会对众多行业和企业带来显著影响。具体来说，受到油价上涨影响的行业和板块包括：原油、天然气、环保节能、新能源发电、电动车、光伏电池等。如果看到原油市场形成了牛市，就去股市中重点寻找相关标的进行操作，那么则可以获得不错的回报。

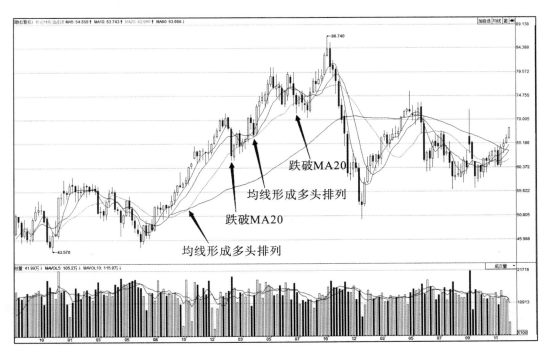

图3－1－18

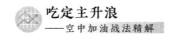
3. 行业概念板块的强弱判别。

在分析了大盘的牛熊市之后，我们还需要分析概念板块的牛熊市即强弱。众所周知，不论是牛市还是熊市，都会有阶段性的强势板块出现，而某一阶段涨幅最大的股票往往都是同一个板块的个股。可以说，选股的时候首先找到当时的强势和热点板块，就成功了一半，然后再从强势板块之中寻找可操作的个股。

通达信软件中已经按照行业、概念、风格、地区等分别编制了板块指数，共有345个板块指数，基本涵盖了A股市场所有的板块，投资者通过分析这些板块指数，很容易就可以找出当时的强势板块，然后再从中选股操作。

板块强弱的判别不需要像个股选择那样设定太多的条件，板块强弱首先从周K线图上观察，然后再看日K线图，我的经验是：一个板块指数如果能够站上四条均线之上就说明开始走强了，如果均线能够形成多头排列，那么就可判断该板块属于强势。反之，一个板块指数如果在四条均线的下方，那么就属于弱势，如果在均线之间运行就属于震荡行情。在弱市之中绝大部分板块都无法走强，这时我们可以很容易地找出走强的板块指数。到了大盘较强的时候，就会有很多板块走强，此时我们可从中选股操作。下面来看一个弱市之中的板块走强的案例。

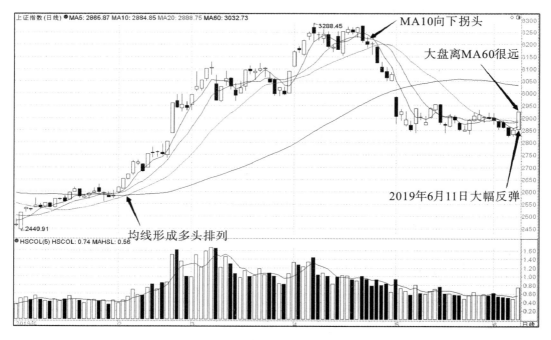

图 3—1—19

图 3－1－19 是上证指数（000001）2019 年初至 6 月 11 日这段时间的日 K 线图，可以看到 6 月 11 日，上证指数运行到 2900 点下方出现了单日较大幅度的反弹，但是上证指数跌破 MA60 并且离得很远，均线也远远谈不上多头排列，此时的板块指数绝大多数都没能站上四条均线，只有两个板块站上了四条均线，那就是：种业和稀土永磁。当时稀土永磁板块的个股基本都是涨停板，不具备可操作性，所以我们重点看看种业板块指数的情况。

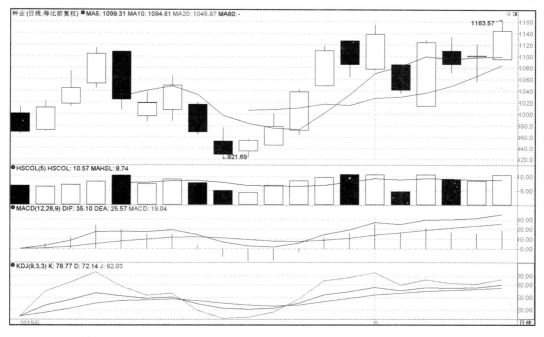

图 3－1－20

图 3－1－20 是种业板块指数（880710）2019 年 5 月 14 日至 6 月 11 日这段时间的日 K 线图，因为该板块指数在 5 月 14 日刚刚编制推出，所以只有不到一个月的走势图，但是可以明显看到该板块指数推出后震荡走强，到了最后一天收盘价站上了仅有的两条均线——5 日、10 日线并且创出新高。在当时的市场状况下，这种走势表现较为强势，因为当时美国对我国加征关税并制裁高科技企业，造成市场陷入利空氛围，绝大部分股票走势疲弱。但对农业板块来说反而是利好，因为我国也会制裁美国农产品，从而对国内农业形成某种程度的保护。因此，种业板块指数的走强在一段时期内都是可以预期的，完全可以从中选择强势个股进行操作。当时，我从中选择了登海种业（002041）进行操作，在弱市之中获得了丰厚的短线利润，下面就来看看这只个股

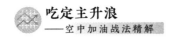
的走势。

图3—1—21是登海种业（002041）2019年2月至6月11日的日K线图，图中标出了空中加油战法买卖点提示箭头，可以看到该股运行到了6月11日的时候出现了一个买入箭头信号，此时它的均线多头排列状态非常良好，MACD指标也没有顶背离的迹象，成交量阶段性放大，前面有一根高位放量大阴线，但是下一个交易日紧接着就实现了阳包阴，成交量也和大阴线那天相当，种种迹象都显示，这一天是一个非常好的买点。结合前面的分析，该股所属的板块指数表现强势，说明该股的走强不是个股行为，而是板块整体启动的行情，这就更加坚定了我买入该股的决心。我们再来看看该股后市的走势。

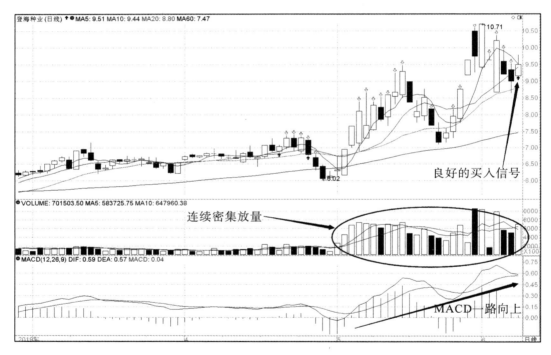

图3—1—21

图3—1—22是登海种业（002041）2019年4月至7月一段时间的日K线图，图中标出了空中加油战法买卖点提示箭头，可以看到该股在6月11日给出买入箭头信号之后，第二天低开高走封住涨停板，当天收盘给出了卖出箭头信号，考虑到股价封住涨停板，我继续持有。第三天股价继续封住涨停板，而且没有给出卖出箭头信号，第四天盘中也触及了涨停板，但是没有封住，此时我选择了获利出局，短短4个交易日获利超过24％。

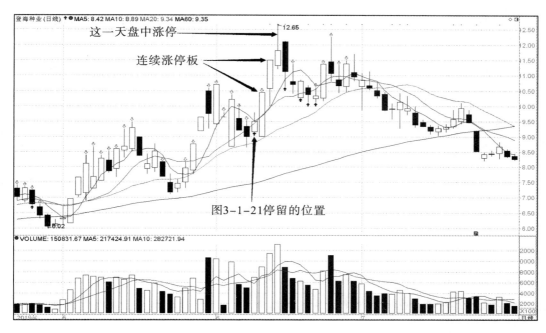

图 3—1—22

下面再看一个大盘整体反弹，板块指数率先形成多头排列的案例。

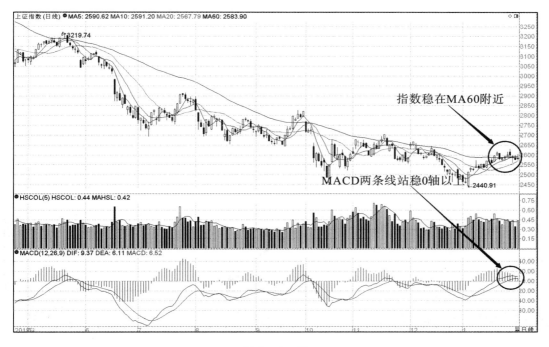

图 3—1—23

117

图 3－1－23 是上证指数（000001）从 2018 年 4 月至 2019 年 1 月底的日 K 线图，可以看到大盘持续震荡向下，其间很难反弹到 MA60 以上，MACD 指标的两条线未能站上 0 轴，但进入 2019 年 1 月下旬后，上证指数持续稳定在 MA60 附近不再下跌，MACD 指标的两条线也双双站上了 0 轴，这些迹象都预示着大盘可能展开一轮较强的反弹行情。此时，走强的板块很多，但是能够形成多头排列的并不多，而其中率先形成多头排列的板块就是证券板块，下面来看看当时的证券板块指数的走势。

图 3－1－24 是证券板块指数（880472）2018 年 5 月至 2019 年 1 月 31 日的日 K 线图，可以看到该板块指数从 2018 年 10 月开始阶段性放量，同时大幅走强，均线系统在 11 月中旬形成了多头排列，这在当时的市场中是第一个形成多头排列的板块指数，显示出大资金率先在证券板块放量建仓。俗话说，春江水暖鸭先知，证券板块率先形成了多头排列，意味着这个板块很可能就是大盘下一轮整体反弹行情的领头羊，应该在这个板块之中选择个股操作。下面就来看看当时完全符合空中加油战法买点的一只证券股。

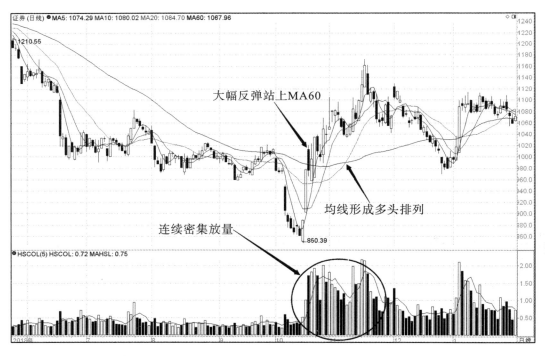

图 3－1－24

　　图 3－1－25 是海通证券（600837）2018 年 9 月至 2019 年 1 月 31 日的日 K 线图，图中标出了空中加油战法买卖点提示箭头，可以看到该股运行到图中最后一天的时候，连续两天都出现了买入箭头信号，而最后一天又给出了卖出箭头信号，仔细观察这个卖出箭头信号是由于连续三天跌破 MA10 造成的。但是这三天跌破 MA10 的幅度很小，加之第三天股价收盘，重新收出阳线并站上了 MA5，所以完全可以继续持有。下面再来看看该股的后续走势。

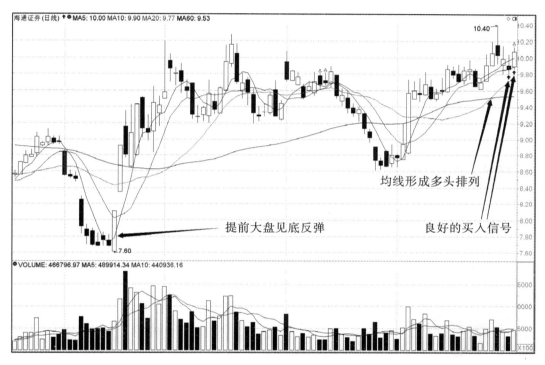

图 3－1－25

　　图 3－1－26 是海通证券（600837）在给出了买入箭头信号之后一段时间的走势图，可以看到该股连续两天给出买入箭头信号之后，股价继续拉升创出新高，从 2019 年 2 月 13 日开始，连续四天给出卖出信号，此时选择出局可以获利 13％左右，此后该股继续走强，并给出了第二次、第三次买入箭头信号，再次买入后，依然可以获得不错的短线收益。

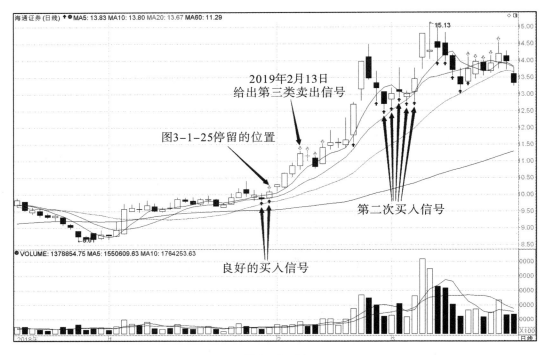

2019年2月13日
给出第三类卖出信号

图3-1-25停留的位置

第二次买入信号

良好的买入信号

图 3-1-26

 第二节 大小周期结合寻找个股买点

当一只个股的均线形成多头排列之后，保持多头排列的态势运行的时间越久，上升趋势也就越稳定，接下来就是寻找合适的买点了。空中加油战法要求股价回到空中加油狙击点才买入，但是很多强势个股在拉升途中一直不回调到MA5以下，这就造成我们一直等待买点出现，解决这个问题的一个好办法就是切换到更小一级的周期K线图上再寻找机会。本节主要讲述在不同周期的K线图上切换，寻找个股主升浪的方法。

1. 切换到60分钟K线图寻找买点。

当低位个股从底部开始短期爆发式拉升，强势个股很难回调到MA5以下，日线图上没有给出买点，此时就可以切换到60分钟K线图上面寻找买点。下面看一个案例。

图3-2-1是康强电子（002119）2019年4月至6月的日K线图，从中可以看到该股在5月走出了一波翻倍的大行情，但是日K线图上面我们设置的空中加油战法并没有给出买入提示箭头，如果以日K线图来看就会错过这只大牛股。下面我们来看看

120

该股当时的 60 分钟 K 线图。

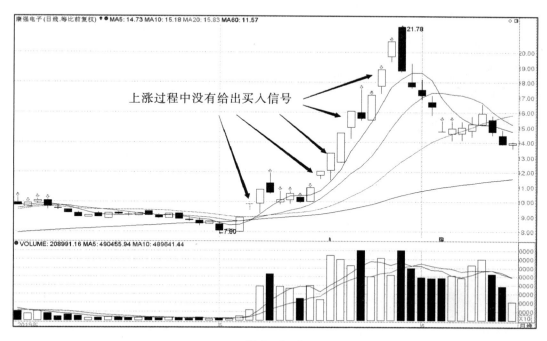

图 3—2—1

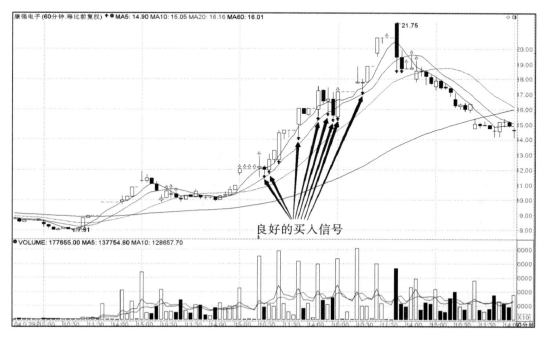

图 3—2—2

图 3－2－2 是康强电子（002119）在 2019 年 4 月至 6 月的 60 分钟 K 线图，从中可以看到我们设置的空中加油战法买卖点提示箭头，5 月 21 日上午第二小时首次给出了买入箭头信号，我们买入后在短时间就可以获得不错的收益。换句话说，通过 60 分钟 K 线图，可以很好地把握这一波短线行情。

下面再看一个需要切换到 60 分钟 K 线图上寻找买点的案例。

图 3－2－3 是北陆药业（300016）2018 年 12 月至 2019 年 5 月的日 K 线图，从中可以看到该股在 2019 年 2 月至 3 月走出了一波短线大涨的行情，但在日 K 线图上，我们设置的空中加油战法并没有给出买入提示箭头，直到股价已经涨到高位才给出了买点，如果以日 K 线图来看就会错过这一只大牛股，但如果用 60 分钟 K 线图来研判，会有什么不同呢？下面我们来看看该股当时的 60 分钟 K 线图。

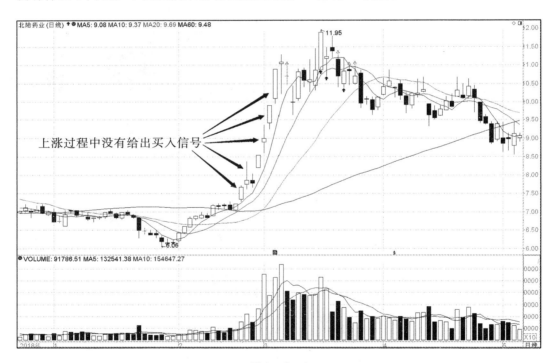

图 3－2－3

图 3－2－4 是北陆药业（300016）2019 年 1 月至 3 月的 60 分钟 K 线图，可以看到空中加油战法买卖点的提示箭头，在 2 月 26 日尾盘最后一小时开始连续四小时给出了买入箭头信号，该股第二天就拉升至涨停板，第三个交易日开盘放巨量收阴线，同时给出了卖出箭头信号，此时应该卖出股票。由此可见，观察 60 分钟 K 线图可以较

好地把握这一波短线行情。

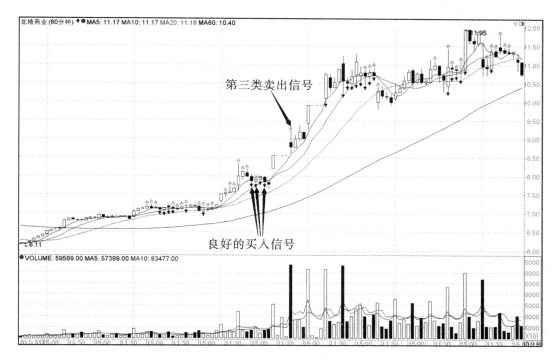

图 3—2—4

2. 切换到周 K 线图寻找买点。

在一轮大行情中，个股首先拉升一波，到了高位日 K 线图上才会出现空中加油战法的买点机会，而且在出现了买入箭头信号之后，很快又会出现卖出箭头信号，买卖信号反复出现，这让投资者无所适从，很难获取连续稳定的盈利，但是切换到周 K 线图上，则可以很好地解决这两个问题：一方面，在更低的位置找到更好的买点；另一方面，也能够规避日 K 线图上面的买卖信号频繁出现而无所适从。

需要特别说明的是，空中加油战法的买卖条件的设定，是以日 K 线为参考标准，所以设定了最近 10 天的高点超过 120 天之内的最高点，但是如果用在周 K 线图上，或者更大周期的 K 线图上，就需要把创新高的时间范围缩短到半年时间所对应的 K 线上。如在周 K 线图上，半年大约等于 25 周，我们就需要把买入条件相应修改为最近两周创最近 25 周新高，而且在周 K 线图上 MA60 的周期也显得过于漫长了。实战中，我一般删掉 MA60，只用 MA5、MA10、MA20 这三条均线来进行判断。因此，周 K 线图上使用的专家系统公式可以简化为下图。

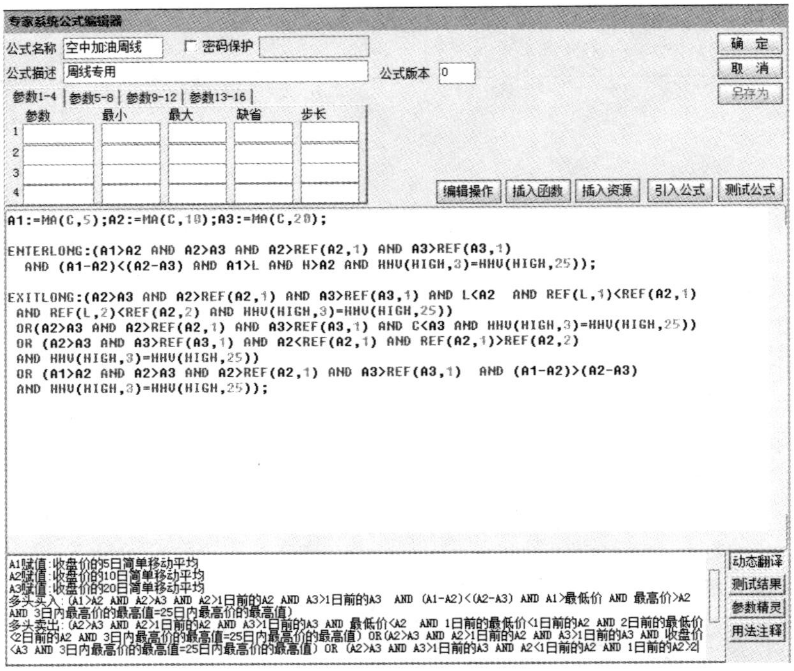

图 3-2-5

图 3-2-5 中有我编辑的空中加油战法在周 K 线上专用的买卖箭头提示公式，其代码如下：

A1：=MA（C，5）；A2：=MA（C，10）；A3：=MA（C，20）；

ENTERLONG：（A1>A2 AND A2>A3 AND A2>REF（A2，1）AND A3>REF（A3，1）　AND（A1-A2）<（A2-A3）AND A1>L AND H>A2 AND HHV（HIGH，3）=HHV（HIGH，25））；

EXITLONG：（A2>A3 AND A2>REF（A2，1）AND A3>REF（A3，1）AND L<A2　AND REF（L，1）<REF（A2，1）AND REF（L，2）<REF（A2，2）AND HHV（HIGH，3）=HHV（HIGH，25））

OR（A2>A3 AND A2>REF（A2，1）AND A3>REF（A3，1）AND C<A3 AND HHV（HIGH，3）=HHV（HIGH，25））

OR（A2>A3 AND A3>REF（A3，1）AND A2<REF（A2，1）AND REF（A2，1）>REF（A2，2）AND HHV（HIGH，3）=HHV（HIGH，25））

OR（A1>A2 AND A2>A3 AND A2>REF（A2，1）AND A3>REF（A3，1）AND（A1-A2）>（A2-A3）AND HHV（HIGH，3）=HHV（HIGH，25））；

在周 K 线图上设定好专用的买卖箭头信号之后，就可以利用周 K 线图寻找股票的买点了。下面看一个案例。

图 3—2—6 是神州泰岳（300002）2014 年 5 月至 2015 年 7 月的日 K 线图，根据图中设置好的空中加油战法的买卖箭头信号，可以看到该股在这一阶段总体走势一直是持续向上的，其间系统多次给出买入箭头信号，但是系统很快就给出了卖出箭头信号，获利空间都不是很大。下面我们切换到周 K 线图，看看该股当时的走势。

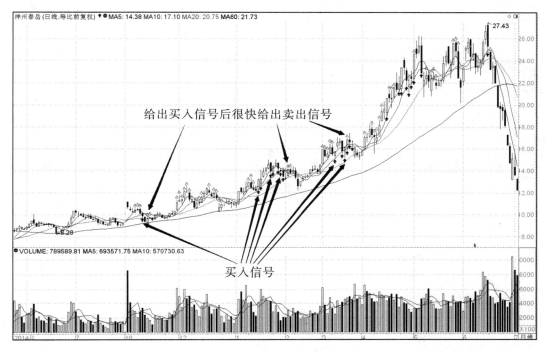

图 3—2—6

图 3—2—7 是神州泰岳（300002）2014 年 5 月至 2015 年 7 月这段时间的周 K 线图，从图上看到专用的买卖箭头信号，进入 2014 年 7 月后，该股均线形成了流畅的多头排列，到了 2015 年 1 月初，股价回到空中加油狙击点，系统给出了买入箭头信号，此时的买点比日 K 线图上的第一次买点还低 10％以上。这一周，系统也给出了卖出箭头信号，但是这一周收盘拉升创新高，走势很强，完全可以忽略这个卖出信号。此后，该股基本沿着 MA10 持续向上拉升，直到 2015 年 6 月出现高位大阴线，才给出明显的卖出信号。整个拉升幅度超过 120％，其间一直没有给出卖出信号，若据此操作，投资者可以获得整个主升浪的大部分利润。

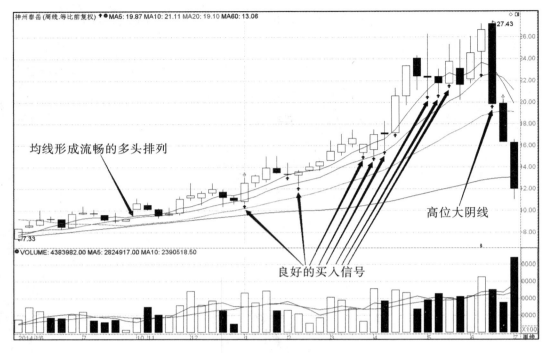

神州泰岳(周线.等比前复权) ◆●MA5: 19.87 MA10: 21.11 MA20: 19.10 MA60: 13.06

均线形成流畅的多头排列

VOLUME: 4383982.00 MA5: 2824917.00 MA10: 2390518.50

高位大阴线

良好的买入信号

图 3—2—7

 ### 第三节　不同市场情况的操作方法

本章前面讲述了如何判断大盘以及板块的牛熊市，以及不同周期寻找个股买点的方法，那么在不同的市场状况下，投资者自然应该采取不同的操作策略，才能规避风险，实现利润最大化。

经过实战总结，我认为在不同市场状况下，应该分别采取如下操作策略：

（1）牛市中尽可能大地获取大波段利润，主要在周 K 线图甚至月 K 线图上采用空中加油战法，寻找大的战机。

（2）大盘阶段性反弹行情中则重点抓强势牛股，主要在日 K 线图上采用空中加油战法，寻找强势股机会。

（3）震荡市则寻找强势个股抓短线机会，主要在 60 分钟 K 线图上，采用空中加油战法寻找短线机会。

（4）弱市中以空仓为主，注意观察逆市走强的板块和个股机会，主要在日 K 线图或者 60 分钟 K 线图上采用空中加油战法，寻找强势股短线机会。

1. 牛市中的个股操作。

牛市中的上涨时间非常长，上涨的幅度非常大，要尽可能把握住牛市的利润，就应该在长周期 K 线图上寻找机会，一般是周 K 线图和月 K 线图。在 2014 年至 2015 年的大牛市之中，通过上一节介绍的板块强弱分析法，可以很容易分析出一波牛市中最先形成多头排列的是创业板指数，行业板块中则是科技板块率先走强，所以应该从创业板的科技股中选股操作，下面来看一个案例。

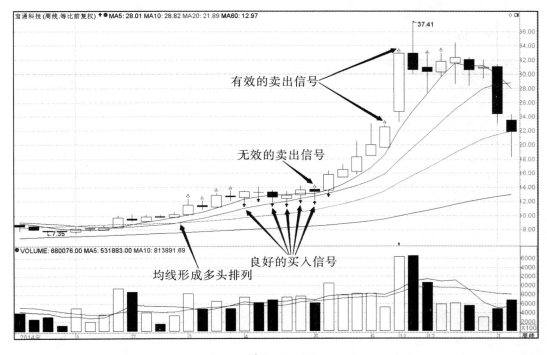

图 3－3－1

图 3－3－1 是宝通科技（300031）2014 年底至 2016 年初这段时间的周 K 线图，图中设置好了空中加油战法在周 K 线图上的买卖箭头信号，可以看到该股进入 2015 年 3 月后均线形成了流畅的多头排列，从 4 月初开始连续 7 周给出了买入箭头信号，除去个别位置较高的无效信号之外，其他信号都是非常好的买点信号。从 5 月 8 日开始的这一周给出了卖出箭头信号，仔细分析是因为连续三周跌破 MA10 造成的，如果计算数据就会发现，此前一周盘中并未跌破 MA10，所以这是一个假信号，不必卖出股票。此后，股价连续拉升创出新高，直到 6 月 10 日这周给出了卖出箭头信号，这是

一个第三类拉升过快的卖出信号，如果就此卖出股票，获利幅度也可达到 80％ 左右。但是，当时的日 K 线图并没有给出明显的卖出信号，下面来看当时的日 K 线图。

图 3－3－2 是宝通科技（300031）2015 年 2 月至 6 月 10 日这段时间的日 K 线图，通过图中空中加油战法的买卖箭头信号，可以看到该股进入 2015 年 5 月后股价继续拉升创新高，其间多次给出买入箭头信号，直到图中最后一天上升趋势仍然保持良好，倒数第二天的卖出信号是个无效信号。此外，从成交量、MACD 指标、KDJ 指标等来看都没有明显的卖出信号。在牛市中，根据周 K 线图寻找的买入机会，买入之后如果股价连续拉升，可以切换到日 K 线图上，根据空中加油战法没有发现明显的卖出信号，因此可以继续持有，下面来看看该股后期的走势图。

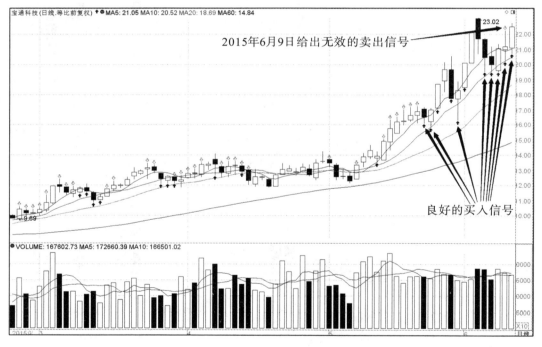

图 3－3－2

图 3－3－3 是宝通科技（300031）2015 年 6 月 10 日之后一段时间的走势图，可以看到该股在 6 月 10 日之后停牌了 5 个月，从而躲过了大幅下跌，复牌后连续封住 4 个涨停板，最后一个涨停板出现了卖出箭头信号，但因当天已经封住涨停板，因此可以继续持有。第二天走出高位大阴线，并且系统继续给出卖出箭头信号，此时应该果断卖出股票。

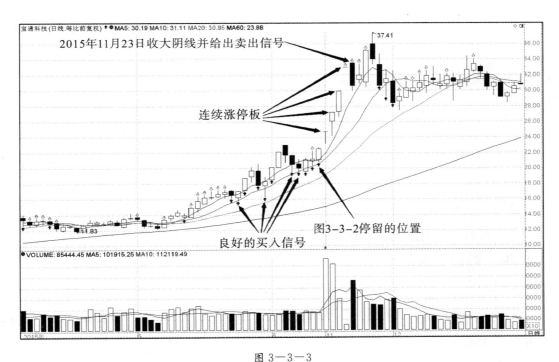

图 3—3—3

下面来看一个从月 K 线图捕捉机会的案例。

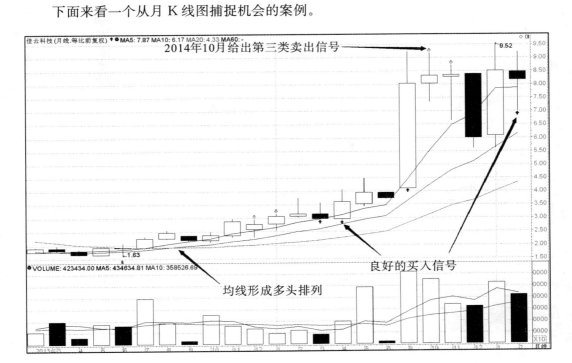

图 3—3—4

图 3－3－4 是佳云科技（300242）在 2013 年 2 月至 2015 年 2 月这段时间的月 K 线图，利用空中加油战法，周 K 线图上发出买卖箭头信号，可以看到该股进入 2013 年 9 月后，均线形成了流畅的多头排列，此后股价平稳向上，分别在 2014 年 3 月和 4 月先后给出买入箭头信号。紧接着，股价在当年 9 月走出了一个月翻倍的行情，然后在 10 月出现了卖出箭头信号，此时卖出可获利达到 180％。在图中最后一个月，又给出了买入箭头信号，该股的第二波行情开始了，下面再看看该股后面的走势。

图 3－3－5 是佳云科技（300242）在 2014 年 1 月至 2016 年 3 月这段时间的月 K 线图，图中设置好了空中加油战法在周 K 线图上的买卖箭头信号，可以看到该股在 2015 年 2 月再一次给出买入箭头信号，之后股价继续大幅拉升。2015 年 9 月，股价除权后继续大涨，股价的最高点出现在 2015 年 12 月初的 27 元上方，如果切换到日 K 线图上面寻找卖出信号，可以在 6 月高位卖出。

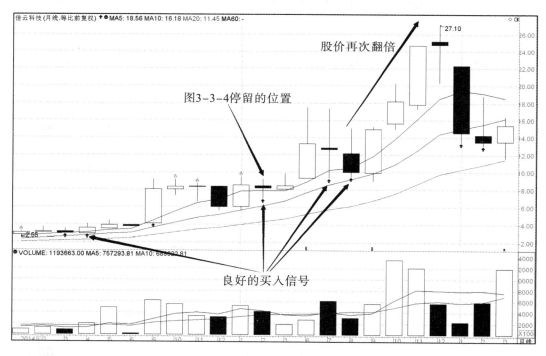

图 3－3－5

2. 大盘阶段性反弹的个股操作。

大盘阶段性反弹行情的特点就是短期走强，但还没有进入牛市。从技术上来说，就是大盘的日 K 线图上均线系统已经形成了多头排列，但在周 K 线图上，均线系统还没有形成多头排列，下面来看一个案例。

图 3—3—6 是上证指数（000001）从 2018 年初至 2019 年初的日 K 线图，可以看到大盘在整个 2018 年，均线系统始终没有形成多头排列，但是进入 2019 年 2 月之后，四条均线形成了多头排列，其中 MA10、MA20、MA60 都开始向上运行，不过这时还不是牛市，来看当时的周 K 线图。

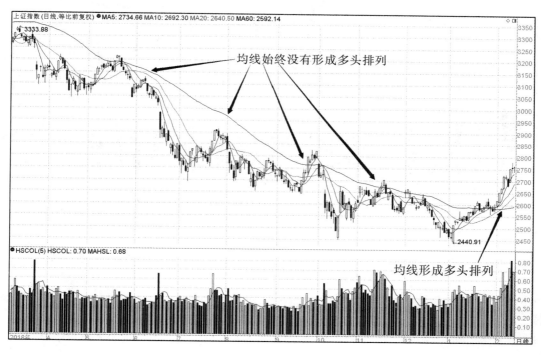

图 3—3—6

图 3—3—7 是上证指数（000001）2018 年初至 2019 年 2 月的周 K 线图，可以看到大盘在进入 2019 年 2 月以后出现了一波反弹，并站上了 MA5、MA10、MA20 这三条均线，但离 MA60 还很远，故四条均线根本没有形成多头排列，前文已经说过，大盘必须在周 K 线图上的均线系统形成多头排列才算是牛市，所以日线图上形成多头排列只能算是大盘的阶段性反弹。需要注意的是，大盘进入牛市初期必然先出现阶段性反弹的特征，我们可以先以阶段性反弹看待，等到周 K 线图形成多头排列之后再确认为牛市。在阶段性反弹行情中，会有大量的个股走出报复性反弹行情，其特征是成交量连续放大，均线同时也形成多头排列。下面来看一个案例。

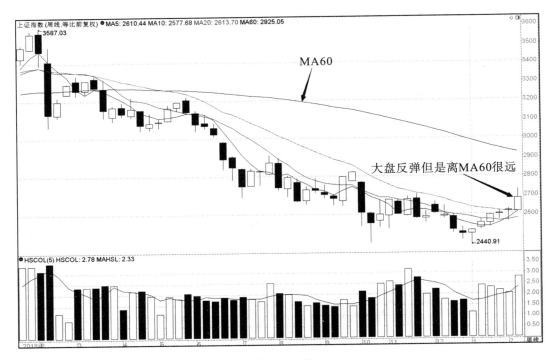

图 3—3—7

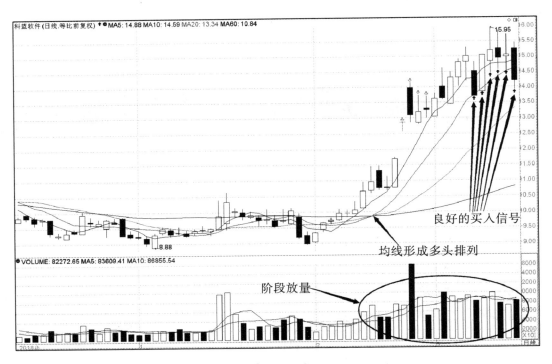

图 3—3—8

图 3-3-8 是科蓝软件（300663）2018 年 12 月至 2019 年 3 月这段时间的日 K 线图，根据空中加油战法的买卖箭头信号，可以看到该股从 2019 年 2 月开始，股价放量突破创新高，均线系统也同步形成了多头排列。此后，成交量连续阶段性放大，股价从 3 月 8 日开始回到空中加油狙击点，系统也给出了买入箭头信号，该股属于典型的报复性反弹行情，下面来看看该股后期的走势。

图 3-3-9 是科蓝软件（300663）在给出了买入箭头信号之后的走势图，可以看到该股在连续给出 7 次买入箭头信号之后，展开了主升浪，连续拉出五个涨停板，后两个涨停板给出了卖出信号，但此时应该继续持有，等到 2019 年 3 月 25 日涨停板打开之后，系统继续给出卖出箭头信号，这一天应该卖出股票。此后，该股又给出了第二次买入箭头信号，这一次买入又有一波连续的大幅拉升，反弹的幅度非常大。

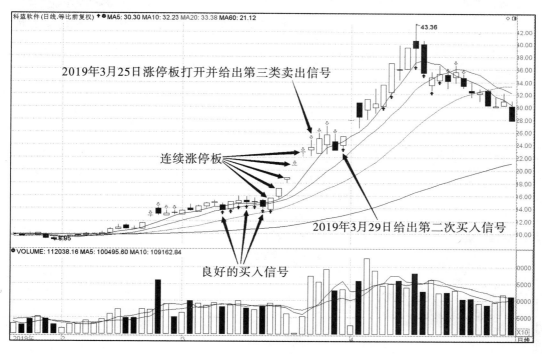

图 3-3-9

3. 震荡市中的个股操作。

大盘的震荡市是比阶段性反弹更弱一点的行情，这种市场状况的特征是，大盘不论是日 K 线图，还是周 K 线图，都没有形成多头排列，也没有形成空头排列。震荡市在我国 A 股市场上很常见，甚至可以说是常态，在这种市场状况下应该谨慎，尽量轻仓操作，对个股机会的把握以短线为主，主要在 60 分钟 K 线图上捕捉机会。

在 60 分钟 K 线图或者更小周期的 K 线图上，运用空中加油战法的买卖箭头信号，以我的实战经验来看，使用最近 10 天的高点超过 120 天的高点这个条件，依然可以得到良好的收益。下面我们来看一个在 60 分钟 K 线图上利用空中加油战法获利的案例。

图 3－3－10 是长安汽车（000625）2019 年 6 月 14 日至 8 月 6 日期间的 60 分钟 K 线图，这段时间的大盘就是典型的震荡市。该股在这段时间内有两个阶段都连续给出了买入箭头信号，第一次是 7 月 3 日上午的两个小时，如果这次买入，第二天就拉升了 5% 左右，在震荡市中短线有了获利就可以适当卖出了，不用非要等到卖出信号的出现。第二次买入信号是 7 月 22 日尾盘最后一小时和第二天早盘第一小时，系统给出买入箭头信号之后，就开始短线拉升，两天时间反弹 8% 以上，这一次系统在高位给出了卖出信号。此后，该股又出现了连续的买入箭头信号，但是没有赢利就给出了卖出箭头信号，操作意义不大。对在震荡市中出现的买入箭头信号一定要仔细鉴别，投资者可在完全符合空中加油战法的买点再逢低买入。

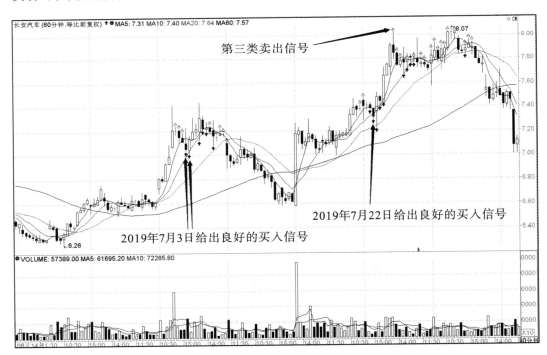

图 3－3－10

4. 弱市中的个股操作。

大盘的弱市一般来说是指沪深指数在日 K 线图或者周 K 线图上均线系统形成了空头排列的状况，弱市之中绝大多数个股的趋势都是向下的，所以这种情况必须以空仓为主。弱市之中仅有的机会，都集中在某些逆市上升的个股或板块上。一般来说，这些机会主要出现在有独立行情的大盘蓝筹股、大盘大跌之时的黄金股、发生国际摩擦事件的农业板块等。其中，大盘蓝筹股的行情持续性较好，可以持有相对较长的时间，但其他个股行情持续时间都不会太长，应该以短线炒作为主，下面来看一个大盘蓝筹股的案例。

图 3－3－11 是海天味业（603288）在 2018 年 1 月至 7 月期间的日 K 线图，这段时间的大盘周 K 线图上均线系统形成了空头排列，是典型的弱市。该股是一只典型的大盘蓝筹股，机构扎堆买入，可以在弱市之中走出逆市拉升行情。图中出现了几次不错的买点，买入之后短线都可获得不错的收益。

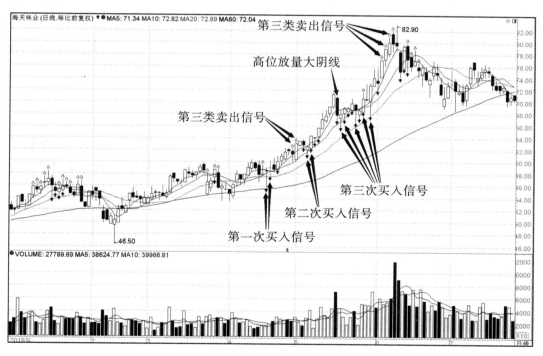

图 3－3－11

下面再来看一个农业股反弹的案例。

图 3－3－12 是顺鑫农业（000860）2018 年 2 月至 8 月期间的日 K 线图，这段时

间的大盘周 K 线图上均线系统形成了空头排列，是典型的弱市，造成弱市的一大原因就是美国挑起贸易摩擦。此举虽然对大多数板块是利空，却给农业板块带来了意外的利好，该股就是典型的受到消息刺激而逆市大涨的。上涨的前期阶段，空中加油战法给出的买点还没有获得盈利就出现了卖出信号。但在 6 月 4 日，该股盘中低点刚好跌到 MA10 附近，出现了一个不错的空中加油狙击点，此后股价连续拉升，不到 4 个交易日，股价上涨达到 30％左右。

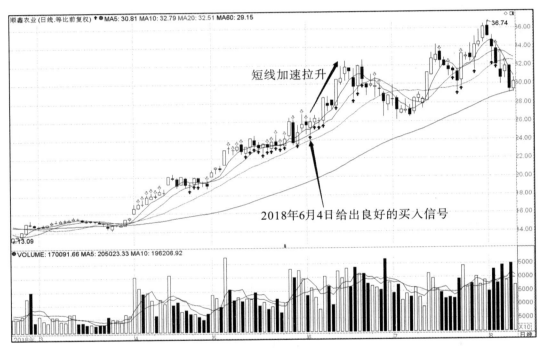

图 3—3—12

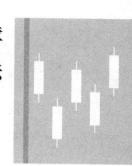

第四章
长 周 期 空 中 加 油 战 法

近年来，我国 A 股市场不断深化改革，随之而来的一大变化，就是个股行情越来越多地出现了慢牛走势。这是由于市场参与主体越来越呈现大资金长线价值投资的特征，过去那种游资短炒的行为，越来越受到严格监管。为了适应 A 股市场的这一变化，本章我提出了空中加油战法的另一种做法——长周期空中加油战法，以更好地把握市场上的慢牛走势，指导投资者提高交易胜率。

由于长周期空中加油战法的买入和卖出条件设置都比较简明、直观，因此不再专门设置专家系统公式的买入和卖出箭头信号，投资者只需要设置专门的均线系统，并牢记几条长周期空中加油战法的买入和卖出条件即可。

 ## 第一节　长周期空中加油战法的优势

前文已经系统地介绍了空中加油战法，这一套战法的特点就是适用于股价短线持续、快速拉升的阶段，具体来说就是适用于股价依托 10 日均线上行的阶段，所以空中加油战法要求至少每隔 10 个交易日股价必须再创新高，否则 10 日均线就会拐头向下，此时，我们就视为趋势被破坏了，应当卖出股票。

但是，我发现越来越多的股票走出了另一种节奏的慢牛上涨行情，这样的上涨并不是依托 10 日均线上行，而是依托周期更长一些的均线。在这样的行情之中，就会频繁、交替地给出买入箭头信号和卖出箭头信号，投资者刚刚依据买入信号买入了股票，马上系统又给出了卖出信号；投资者卖出股票不久，系统又给出了买入信号。这样的股票并没有出现持续下跌，总体仍然在上涨，只是它们上涨的节奏慢一点，但是投资者依据空中加油战法交易却频繁地买入卖出，而无所适从，既赚不到钱，又大大浪费了精力，信心受挫，因此，我专门提出了长周期空中加油战法。

一、长周期空中加油战法适用行情

根据多年的观察发现，慢牛行情经常出现在总股本较大的个股，以及牛市初期温和上涨阶段的股票，下面我们看几个案例。

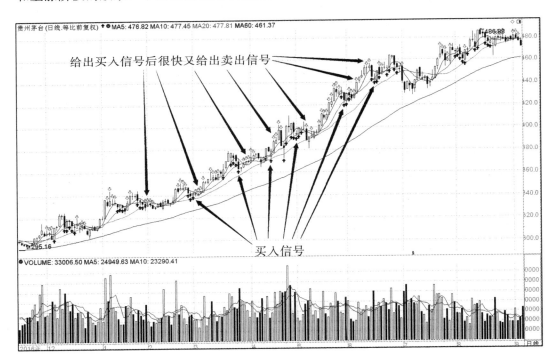

图 4-1-1

图 4-1-1 是贵州茅台（600519）2016 年 11 月至 2017 年 9 月的日 K 线图，这是一只典型的长线慢牛股，该股从 2016 年 11 月的 300 元左右，到 2017 年 8 月，震荡上行到

480元以上，其间复权后的股价不断刷新历史新高，阶段总体涨幅达60%以上。

　　在这个过程之中，空中加油战法频繁、交替给出买入、卖出箭头信号，大多数买入信号都没来得及产生盈利，紧接着就出现了卖出信号，据此操作，投资者很难获得较多的利润。下面再看一例。

　　图4－1－2是欧菲光（002456）2017年3月至12月的日K线图，从中可以看到该股在2017年的大部分时间都是持续震荡向上的，股价接近翻倍，但是其间，按空中加油战法给出的买入信号都很难赚到钱，常常都是给出买入箭头信号不久就又给出卖出箭头信号，投资者反复买入卖出，浪费了大好行情，也很难赚到钱。

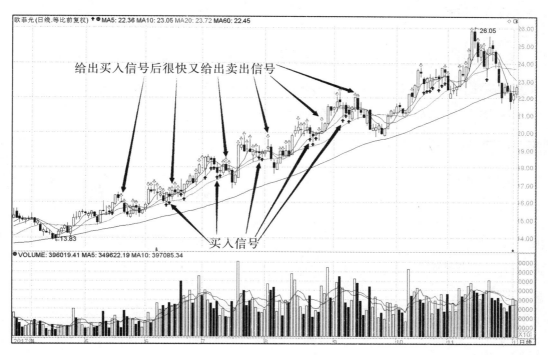

图4－1－2

　　当然，这种状况我们可以采用前面所述的周K线图来进行分析，就可以把日K线图上面的杂波过滤掉，但是周K线图的变化没有日K线图这样迅速、直观，大多数投资者也习惯通过观察日K线图进行分析，一旦日K线图上出现了卖出信号，也很容易影响投资者的操作。针对这一状况，我在分析了大量慢牛股票走势的基础上提出了空中加油战法的变种——长周期空中加油战法。

　　具体来说，长周期空中加油战法就是对空中加油战法所依据的均线系统进行适当的调整，把所有均线的周期都拉长，这样就可以很好地度量慢牛行情股票走势的趋势，从而更好地指导我们的操作。

顾名思义，长周期空中加油战法是专门针对慢牛行情即上涨趋势更加平缓的股票行情所设计的。一只股票有可能走出慢牛行情的几点特征是：

1. 股价创最近半年新高后成交量并未显著放大。

2. 股价创新高后并不急于连续拉升，反而频频回踩 10 日均线。

3. 跌破 10 日均线甚至 20 日均线后并不连续下跌，反而慢慢回升再创新高，此后再次反复重演前面两步。

一旦一只个股的走势符合上述三点，就可以判断是慢牛走势，这时候我们再用空中加油战法在日 K 线上去捕捉机会的话，就会陷入进退维谷的尴尬境地，此时就需要运用长周期空中加油战法了。下面看一个案例。

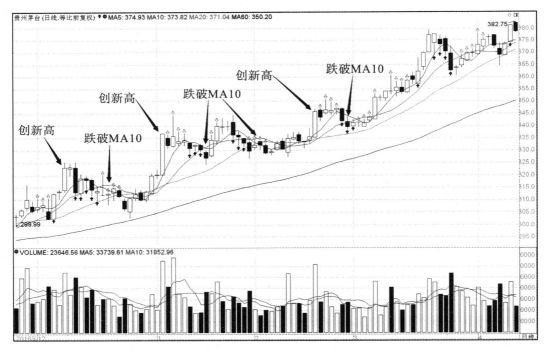

图 4－1－3

图 4－1－3 是贵州茅台（600519）2016 年 11 月至 2017 年 4 月的日 K 线图，从中

可以看到该股连续三次创新高之后成交量都没有显著放大，股价也没有继续大涨，而是回踩并反复跌破 10 日均线甚至 20 日均线，但跌破之后也没有继续大跌，而是缓慢企稳再创新高，这些表现完全符合慢牛走势的特征。

二、长周期空中加油战法的买入条件

经过反复仔细观察总结，我发现慢牛走势个股的上升趋势一般依托 30 日均线向上运行，回调一般不会跌破 30 日均线，而且慢牛走势行情比较平稳，中长期均线都会持续向上，股价上涨的时间非常长，累计涨幅也很大，据此，我设定了以下买入条件：

1. 设置六条均线：MA10、MA30、MA60、MA90、MA150、MA240，并形成流畅的多头排列，其中 MA30、MA60、MA90、MA150、MA240 这五条均线的运行方向必须向上，MA10 允许短暂向下回调。

2. 股价创新高之后，第一次从 MA10 上方运行到 MA10 和 MA30 之间，可视为多方的"慢牛吸纳点"，此时应当逢低买入股票。（股价回调最好回到 MA30 附近，或者 KDJ 指标的 J 值跌至 0 附近）

3. 出现第二章第一节第 5 条需要规避的各种情况时酌情放弃买入，尤其要重点注意的是，出现慢牛吸纳点之前，短期上涨的幅度不能超过 50%，不能出现高位放量大阴线，或者 MACD 指标顶背离并死叉向下，这些情况都应该放弃买入。

长周期空中加油战法的买入条件设置比较简单，只需要六条均线形成多头排列，然后回到两条均线之间即可买入，无须考虑均线之间的距离。需要强调的是，最好的买入形态是六条均线排列整齐、均匀，并向上发散，最好不要有一条均线距离太远。下面看几个案例。

图 4—1—4 是贵州茅台（600519）2016 年 11 月至 2017 年 8 月的日 K 线图，可以看到该股从 2016 年 12 月初开始，六条均线形成了多头排列，其中五条均线始终都向上运行，其间股价多次回到慢牛吸纳点。其中，2016 年 12 月 23 日和 2017 年 2 月 8 日，股价都回到了 MA30 附近并且 KDJ 的 J 值也到达 0 附近，形成了非常标准的慢牛吸纳点。而 2017 年 4 月 11 日、4 月 24 日和 5 月 9 日股价三条下影线刚好回调到 MA30 附近，虽然 KDJ 指标的 J 值没有下到 0 附近，但股价均线排列非常流畅，股价回到 MA30 也可视为不错的慢牛吸纳点。此后，股价持续缓慢向上攀升，到了 2017 年 7 月 3 日，股价再次回到 MA10 和 MA30 之间，

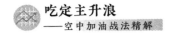

但此时 MACD 指标明显顶背离并死叉向下，这一次应该放弃买入。

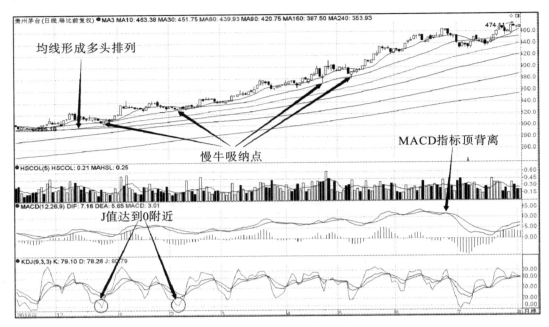

图 4—1—4

下面再看一例。

图 4—1—5

图4—1—5是温氏股份（300498）2018年4月至2019年1月的日K线图，该股从2018年12月初开始，六条均线形成了多头排列，但当时股价创新高后MACD指标出现了顶背离死叉向下，12月中旬的买入机会应该放弃。

进入2019年1月，该股再创新高，MACD指标也跟随创出新高，2019年1月22日和23日连续回到30日均线附近，KDJ指标的J值到达0附近，形成慢牛吸纳点，这一次各条均线整齐、均匀地向上发散，形态都非常好，可大胆买入。下面再来看看该股后期的走势。

图4—1—6是温氏股份（300498）2019年1月23日出现慢牛吸纳点之后的走势图，该股从2019年1月开始连续拉升，两个月时间大涨60%以上。使用长周期空中加油战法，可以很好地捕捉到短线大牛股的启动。下面我们再用空中加油战法来判断该股的机会。

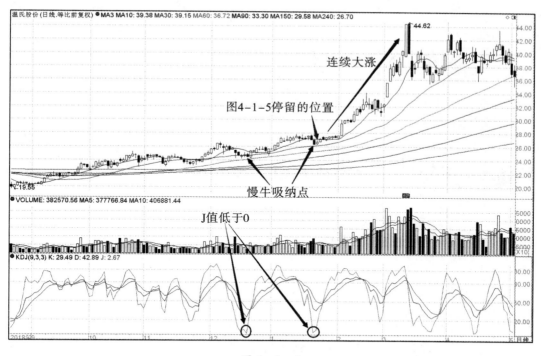

图4—1—6

图4—1—7是温氏股份（300498）在与图4—1—6相同时间段的走势图，图中设置了空中加油战法的买入和卖出箭头信号，可以看到每次大涨之前，空中加油战法均给出了买入箭头信号，但是还没等到股价大涨就出现了卖出箭头信号，如果据

此操作，则会错过这只大牛股。究其原因，主要是该股属于创业板中的大盘股，市值较大，其刚刚形成的启动趋势，无法做到沿着10日均线向上拉升，因此用空中加油战法对它就会判断为趋势结束了。其实这种个股的趋势只是涨速稍慢一点，而不是结束了，如果利用长周期空中加油战法，就可以完美判断出它的趋势，并获得盈利。

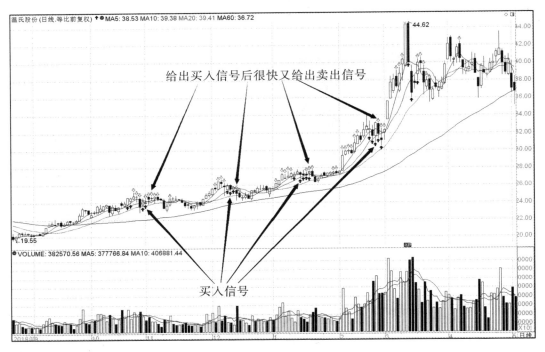

图4—1—7

下面看一个失败的案例。

图4—1—8是建新股份（300107）2017年11月至2018年6月的日K线图，可以看到该股从2018年初展开了一轮不到1个月的大涨，股价翻倍，其后经过3个月左右的震荡再次开启一轮暴涨。2018年5月中旬，六条均线形成了多头排列，此后股价从高位回落。从5月29日开始，KDJ指标的J值跌至0以下，并保持了5个交易日，这5天都算是慢牛吸纳点。不过，考虑到该股累计涨幅已经非常巨大，从3月下旬算起最高涨幅达到160%以上，如果从2018年初计算，累计最大涨幅更是达到了惊人的260%！此时再回到慢牛吸纳点就应该保持谨慎了，最好放弃买入操作。我们再来看看该股后期的走势。

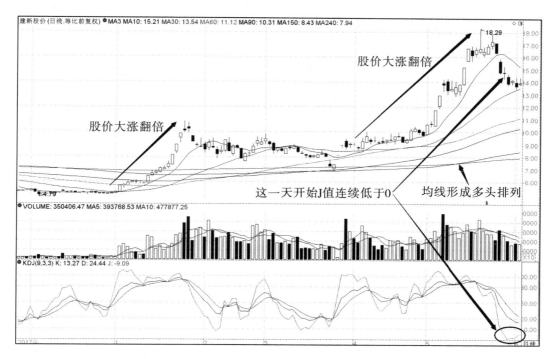

图 4—1—8

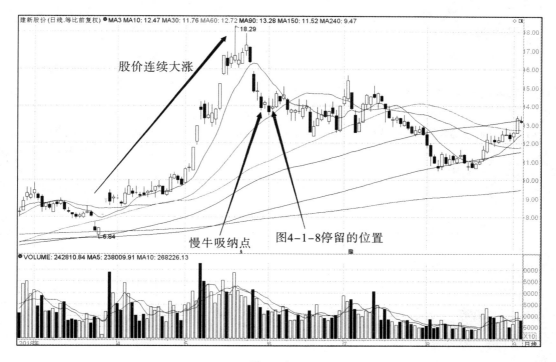

图 4—1—9

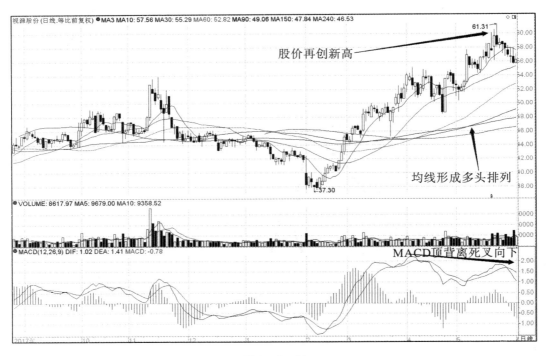

图4-1-9是建新股份（300107）在出现了慢牛吸纳点之后一段时间的日K线图，可以看到该股出现慢牛吸纳点之后，略微反弹就逐波走低，再也没有出现流畅的拉升行情。

由此可见，长周期空中加油战法最好的目标股，是从低位缓慢走强，但累计涨幅不大，尤其是均线缓慢形成多头排列之前，尚未大幅上涨的个股。

下面再看一个失败的案例。

图4-1-10是视源股份（002841）2017年8月至2018年6月的日K线图，可以看到该股从2018年5月初开始，六条均线形成了多头排列，但当时股价创新高后，MACD指标出现了顶背离死叉向下，此时股价虽然回到了慢牛吸纳点，但是应该放弃操作。来看其后期的走势。

图4-1-10

图4-1-11是视源股份（002841）2018年6月1日出现慢牛吸纳点之后的走势图，可以看到该股因为MACD指标出现了顶背离，该买点并不理想，短线反弹后迅速跌破了其下数条均线，如果买入就会造成亏损，该股后期的上涨也不流畅，不是理想的操作形态。

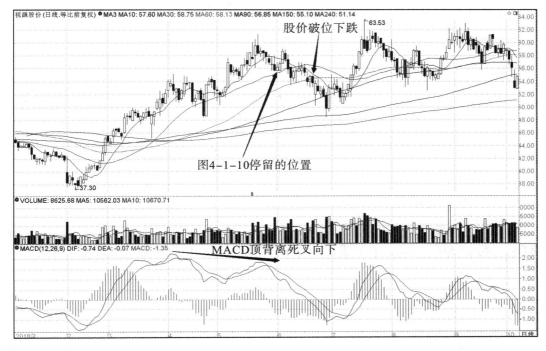

图 4—1—11

三、长周期空中加油战法的卖出条件

当出现慢牛吸纳点买入股票之后，应该何时卖出就成为关键的问题。慢牛走势行情有几种不同的结果，我们需要采取不同的策略予以应对。

1. 慢牛加速变疯牛。

如果出现慢牛吸纳点之后，股价上涨再创新高，然后回调不破 10 日均线，或者只是下影线盘中跌破 10 日均线，收盘又拉回，后又再创新高，这说明股价开始依托 10 日均线拉升，慢牛开始加速变为疯牛，这当然是我们最希望看到的结果，这种情况一般在牛市初期到牛市中期阶段切换的时候最容易发生。此时，就应该重新利用空中加油战法的卖出条件来决定什么时候卖出股票。下面看一个案例。

图 4—1—12 是东方财富（300059）2014 年中至年底的日 K 线图，可以看到该股经过长期低位震荡，终于在 2014 年 9 月初六条均线形成了多头排列，此后股价继续震荡向上。进入 10 月后，该股缓慢回落到慢牛吸纳点长达半月左右，此时可以从容建仓。10 月下旬开始，该股再次拉升创出新高，进入 11 月后股价震荡横盘休整，其间有一天短暂回踩 10 日均线但被迅速拉起，不久后又继续拉升，该股属于典型的慢牛转

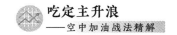

为疯牛走势。出现这样的走势，我们只需要重新利用空中加油战法的卖出条件来把握，即可找到较好的卖股时机。我们用空中加油战法来看看该股的走势。

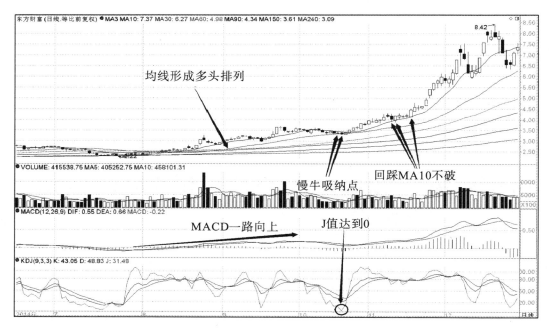

图 4—1—12

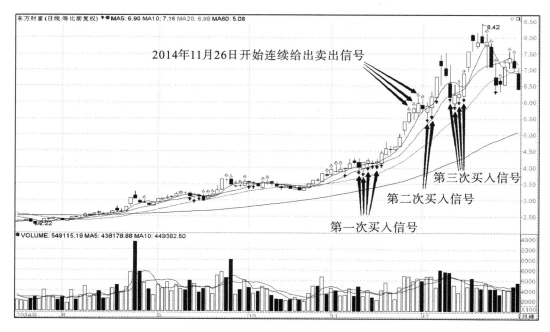

图 4—1—13

图 4－1－13 是东方财富（300059）2014 年 7 月至 12 月这一段时间的走势图，其中标出了空中加油战法的买卖箭头信号，可以看到该股进入 11 月后，属于横盘休整阶段，空中加油战法买入箭头信号频繁出现，这是必然的，因为此时的股价运行形态完全符合空中加油战法的买入条件。在其股价继续创新高之后，2014 年 11 月 26 日给出了卖出箭头信号，仔细观察这属于空中加油战法第三类卖出条件。从 10 月中旬买入价计算，已经获利 70％左右，完全可以获利出局，至于后面还有多少涨幅，可以不用再去计较，如果实在舍不得，还可以再度寻找适合的买点介入。

2. 慢牛趋势结束。

慢牛走势的上升趋势也会有失败的情况，投资者注意，出现以下情况应该止损卖出：股价跌破 MA60 或 MA10 下穿 MA60 造成多头排列被严重破坏。长周期空中加油战法中加入 MA10，是为了判断股价是否从慢牛转为疯牛，MA10 允许向下短暂死叉MA30，但是如果继续死叉 MA60，则代表上涨趋势已经被破坏。

均线形成多头排列之后，股价一般会沿着 MA30 逐渐向上，短暂跌破 MA30 也是可以的，但是如果跌破 MA60，那么趋势很可能被破坏了。尤其是放量下跌，一般来说都是先从股价跌破 MA60 开始的。下面看一个案例。

图 4－1－14

图 4－1－14 是苏交科（300284）2018 年 9 月至 2019 年 4 月的日 K 线图，可以看到该股从 2019 年 2 月底开始，六条均线形成多头排列，股价也创出新高。2019 年 3 月 27 日、3 月 28 日连续两天，股价回到 MA30 附近，KDJ 的 J 值也达到了 0 附近，形成了慢牛吸纳点，但股价短暂上涨后没有创新高就开始向下调整，在最后一个交易日股价盘中跌破 MA60，说明股价已经走弱，此时应该卖出股票。我们再来看看该股后期的走势。

图 4－1－15 是苏交科（300284）在股价跌破了 MA60 之后一段时间的日 K 线走势图，可以看到股价在跌破 MA60 之后当天虽然有一定反弹，但不久后出现了大幅跳水。如果在股价刚刚跌破 MA60 的时候就止损卖出，亏损不到 5％。

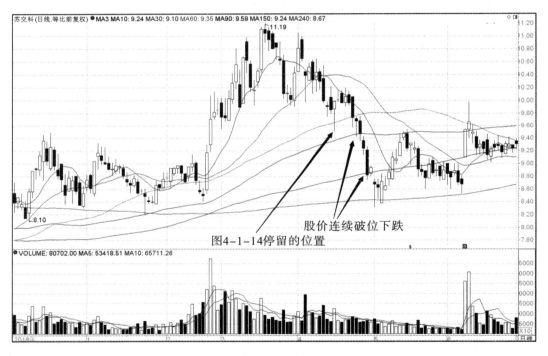

图 4－1－15

3. 其他应该卖出的情况。

股价经历大幅上涨后进入历史重要阻力位，或者出现放量大阴线，或者 KDJ 指标出现超买，或者在时间窗口出现了冲高回落等情况，都应该选择卖出。这几种情况和空中加油战法的卖出条件类似，前文已经详细说明，这里不再赘述。

长周期空中加油战法最容易出现的是 K 线图上的 MACD 顶背离的情况。到了慢牛吸纳点买入股票之后，需要特别注意观察 MACD 指标的走势，如果股价创新高而 MACD 的两条线都不能再创新高时，就要高度小心了；如果 MACD 的红柱还在放大，则可以暂时持有，一旦 MACD 的红柱开始缩短，就应该马上卖出；如果创新高的时候 MACD 还是绿柱，那更应该立即卖出。但有一种情况例外，即当天股价直到收盘仍封住涨停板，就可以不管前列卖出条件，可继续持有等待，第二天再观察是否符合卖出条件。下面看一个案例。

图 4－1－16 是恒久科技（002808）2018 年底至 2019 年 4 月一段时间的走势图，可以看到该股进入 2019 年 3 月中旬后，均线系统开始形成多头排列，此后股价连续回落到 30 日线附近，KDJ 的 J 值也回落到 0 附近，形成了非常标准的慢牛吸纳点。

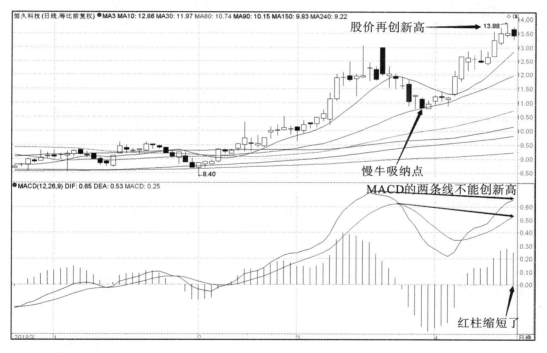

图 4－1－16

图中为了突出 MACD 顶背离形态，特别单独放大了 MACD 指标，可以看到该股在 4 月 15 日再创新高之后，MACD 的两条线都没有超过上一波高点的位置，这就是典型的顶背离。但是，创新高前后连续几天 MACD 的红柱还在放大，说明多头力量仍然没有衰竭，此时可以暂时持有，等到图中最后一天，也就是 4 月 18 日 MACD 的红柱明显缩短了，说明此时股价很可能已经见顶了，应该卖出股票。下面来看看该股后期的走势。

图4—1—17是恒久科技（002808）在出现了MACD顶背离，并且红柱缩短之后的走势图，可以看到股价在出现了卖出条件之后基本陷入了横盘，虽然盘中再创新高，但随即下跌，没有获利空间，不久后更是出现了大幅跳水。

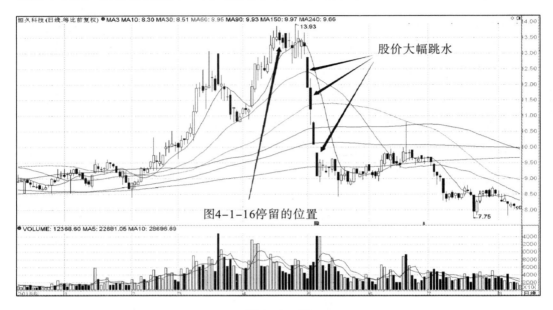

图4—1—17

下面来看一个顶背离随着股价上涨被化解的案例。

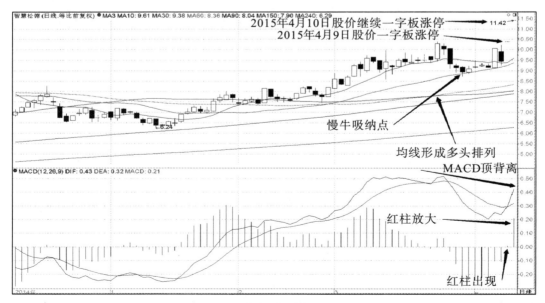

图4—1—18

图 4—1—18 是智慧松德（300173）2014 年底至 2015 年 4 月一段时间的走势图，可以看到该股进入 2015 年 3 月下旬后，均线系统开始形成多头排列，此后股价回落到 30 日线附近出现慢牛吸纳点。4 月 9 日，股价一字板封住涨停，虽然差一点创新高，但是 MACD 红柱已经出现，第二天也就是图中的最后一天继续封住涨停板，红柱也继续放大，MACD 指标此时明显顶背离了，但是红柱在放大，因此可以继续持有。下面来看看该股红柱开始缩短时的情况。

图 4—1—19 是智慧松德（300173）2014 年底至 2015 年 4 月 17 日的走势图，可以看到该股在图中最后一天红柱开始缩短，但是此时 MACD 指标的两条线都已经创新高了，这说明 MACD 指标的顶背离已经被成功化解，这样可以继续持有该股，等待股价继续拉升，直到出现其他卖出条件再行卖出。我们再来看看该股后期的走势。

图 4—1—19

图 4—1—20 是智慧松德（300173）2015 年 2 月至 6 月一段时间的走势图，可以看到该股在 4 月中旬成功化解了 MACD 指标顶背离之后，并没有出现明显的卖出信号，反而在 4 月 30 日回调，引起 KDJ 指标的 J 值回落到 0 以下，再次出现慢牛吸纳

点。此后，股价震荡走强，并在 5 月 8 日再创新高，当天 MACD 指标顶背离并且仍是绿柱，但是由于当天股价封涨停板，因此可以继续持有观察。第二天，该股继续涨停放出红柱，此后红柱持续放大，直到 6 月 1 日红柱缩短，但 MACD 指标的两条线都已经创新高，MACD 指标的顶背离再次得到成功化解。6 月 3 日，股价大幅高开收阴线，加之当天是农历四月十七的望日后一日，在敏感的时间窗口出现高位大阴线，此时应当果断卖出股票。

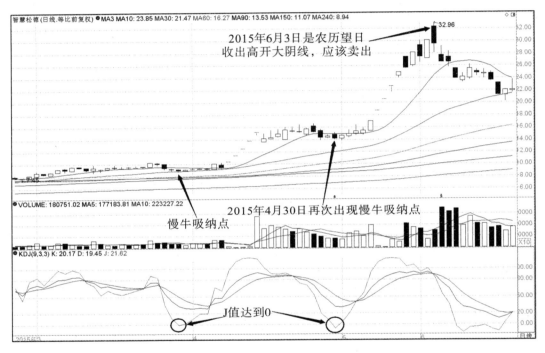

图 4—1—20

 第二节　长周期空中加油战法捕捉大牛股

　　长周期空中加油战法所设置的均线系统周期较长，等到六条均线全部形成多头排列的时候，股价必然已经稳定上涨一段时间了，所以不需要再设定股价创半年新高的买入条件。同时，在弱市之中的均线系统也很难形成多头排列，所以长周期空中加油战法可以规避弱市下跌行情，而出现连续走强的行情又能够及时提示投资者介入。下面我来讲解近年来市场出现的几次不同行情中，使用长周期空中加油战法进行实战交易捕捉到的大牛股。

一、大牛市捕捉大牛股

进入大牛市后，最容易出现慢牛变疯牛的大牛股。下面，先来看一只 2006 年至 2007 年出现过的大牛股。

图 4—2—1 是云南铜业（000878）2005 年底至 2006 年 6 月这段时间的走势图，可以看到该股进入 2006 年 2 月后均线系统开始形成多头排列，此后的 2006 年 3 月 9 日、3 月 10 日连续两天 KDJ 指标的 J 值都回到了 0 附近。股价回到了慢牛吸纳点，此时是最佳的买入时机，此后股价连续拉升，几次回到 10 日均线附近都反转向上，继续创新高。

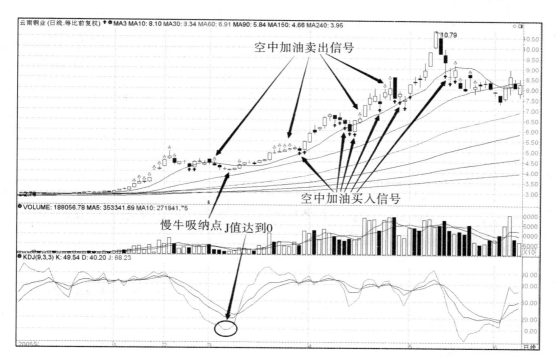

图 4—2—1

图中标出了空中加油战法的买卖箭头信号，方便我们使用空中加油战法寻找买卖点。该股在 4 月 13 日跌破 10 日均线后，紧接着第二天就收出阳包阴重回 10 日均线之上，有了慢牛变疯牛的迹象，虽然此后的 4 月 17 日系统给出了卖出箭头信号，但仔细分析这个卖出信号是由于股价连续三天跌破 10 日均线造成的，在大牛市之中可以适当容忍，不做卖出操作。此后，股价果然继续拉升创出新高，并在 4 月 24 日和 4 月 25

日连续两天给出了卖出箭头信号，此时可以卖出。但接下来的四个交易日，股价回到空中加油狙击点又给出了买入箭头信号，此时考察空中加油战法的各条买入条件发现全部符合，可以再次买入。接下来，股价再次向上突破创新高，直到5月15日大涨后突破了1999年的历史高点，此时可以考虑卖出。

需加说明的是图4－2－1给出了空中加油战法的买卖箭头信号，同时也标注了前面所述的慢牛吸纳点。如果使用空中加油战法来寻找买点，那就要比慢牛吸纳点晚很多，成本也提高了20%还多。由于该股创新高后并未出现MACD顶背离，所以从高位回落之后只要仍然符合长周期空中加油战法的买点，仍然还有机会，我们再看该股其后的走势。

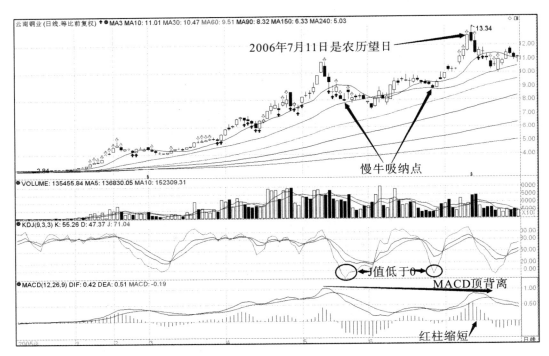

图 4－2－2

图4－2－2是云南铜业（000878）2005年底至2006年7月一段时间的走势图，可以看到该股从2006年5月15日高位回落之后到了5月22日这一天，股价接近了MA30，KDJ指标的J值也跌破了0，但均线仍然保持良好的多头排列，再次形成慢牛吸纳点。由于前期股价已经大涨超过200%，此后没有直接拉升，而是高位震荡一个多月，此间没有出现长周期空中加油战法的卖出条件。到了7月7日，该股再创新高，

此时 MACD 指标出现明显的顶背离，因为红柱仍在放大，可以继续持有观望，股价继续上涨到 7 月 11 日，这一天是农历的六月十六望日，是一个敏感时间窗口，第二天 7 月 12 日股价放量冲高回落收阴线，可以选择卖出。

在大牛市之中，大牛股往往会有两波大机会，云南铜业作为当时那一轮大牛市的主力品种有色金属板块，还有第二波大机会，运用长周期空中加油战法也很容易捕捉到，请看下图。

图 4-2-3 是云南铜业（000878）2006 年 8 月至 2007 年 4 月这段时间的走势图，该股从 2007 年 1 月中旬开始，长周期空中加油战法的各条均线全部形成了流畅的多头排列。2007 年 2 月 2 日，该股回调接近 MA30，同时 KDJ 指标的 J 值从前一个交易日的 26 跌至 0 以下，形成了良好的慢牛吸纳点，此时是最佳的买入点。

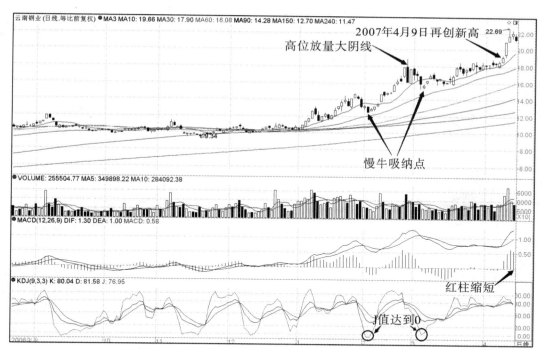

图 4-2-3

此后，股价开始向上拉升，在刚创新高的时候 MACD 也有顶背离的迹象，但是已经出现红柱，所以可以持有，后来股价继续创新高，MACD 指标也跟着创新高，直到 2 月 27 日出现放量大阴线尾盘跌停，当天应该选择卖出。这是因为 MACD 也创新高，此后股价回调均线若还是多头排列的话，仍然符合长周期空中加油战法的买点条件。

3月6日，股价小幅下跌，J值再次接近0的位置，又一次形成绝佳的买点，此后股价震荡上升。到了4月9日，股价再创新高，MACD当时处于顶背离状态，但是已经出现红柱，可以继续持有。到了图中最后一天的位置，也就是4月13日，红柱开始缩短，此时观察MACD指标，其白线已经再创新高，慢一点的黄线还未再创新高，这种情况下可以选择卖出，也可以暂时持有等待，即使后面继续上涨也没有关系。实际上，该股后市又持续上涨超过400%，其后的行情我们运用长周期空中加油战法和空中加油战法都可以捕捉到机会，在此不再赘述，投资者可自行复盘，运用前面的方法找出其中的确定性机会。

在2014年至2015年那一轮牛市之中，也涌现出一大批大牛股，下面我们来分析其中一只大牛股的情况。

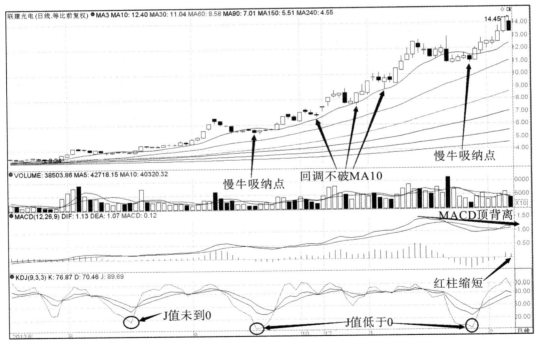

图4—2—4

图4—2—4是联建光电（300269）2013年7月至2014年2月这段时间的走势图，该股从2013年8月中旬开始，长周期空中加油战法的各条均线就全部形成了流畅的多头排列，但此后该股的回调并未回到MA30附近，其间KDJ指标的J值最小也是15以上，一般来说我们把J值在5以下称作回到0附近，因此当时长周期空中

158

加油战法没有给出买点信号。此后，该股在 2013 年 9 月再创阶段性新高，MACD 也跟着再创阶段性新高，到了 9 月 17 日这天，股价回调虽然离 MA30 还较远，但是 KDJ 指标的 J 值达到了 0 以下，所以也是非常好的买点，此后股价继续拉升创新高，而且中途三次回踩 10 日均线没有跌破，慢牛走势已经转为疯牛走势，继续创新高的过程中，使用空中加油战法也没有出现卖点。直到 2014 年 1 月 22 日，该股盘中再创新高，但收盘放巨量收大阴线，当天应该卖出。

这一波拉升过程中，MACD 指标没有出现顶背离，当 1 月 28 日股价再次回调，KDJ 指标的 J 值跌至 0 以下时，再一次形成了慢牛吸纳点。在此位置买入后，股价继续反身向上，不过此后股价再创新高时，MACD 指标出现了顶背离，等到图中最后一个交易日，也就是 2 月 13 日，MACD 的红柱开始缩短了，当天应该卖出。虽然此后该股仍然继续上涨，但已经是强弩之末，早点放弃以规避风险。

如果我们运用空中加油战法来把握当时联建光电的行情，结果会如何呢？下面具体分析一下两种战法的不同。

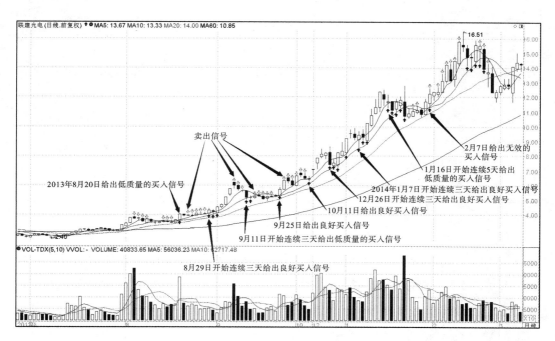

图 4—2—5

图 4—2—5 是联建光电（300269）2013 年 6 月至 2014 年 3 月这段时间的走势图，运用空中加油战法买卖箭头信号，可以很好地捕捉到该股从 2013 年 8 月底到 9 月上旬

的这一波机会，以及 10 月停牌前到 2014 年 1 月 22 日这一轮的行情。但 10 月的买点比 9 月中旬的慢牛吸纳点成本提高了 20％多，而且也彻底放掉了 2014 年 1 月底之后的第二波行情。因此，可以看出长周期空中加油战法比空中加油战法的容错率更高，在大牛市之中的调整阶段特别适合采用长周期空中加油战法。

由于联建光电正是 2014 年至 2015 年大牛市的主流热点——创业板科技股，所以它也走出了两波大涨行情，下一轮的大涨如果用长周期空中加油战法也可以很好地把握这段行情，先看看当时的走势。

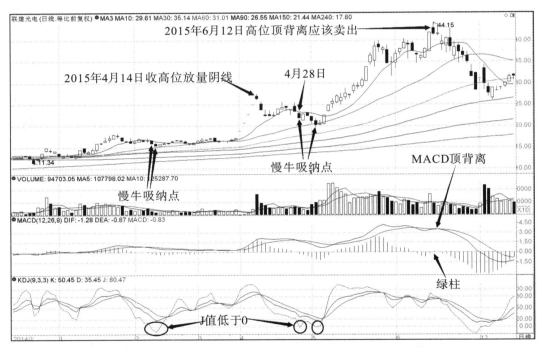

图 4—2—6

图 4—2—6 是联建光电（300269）2014 年 12 月至 2015 年 12 月这段时间的走势图，该股从 2015 年 1 月下旬开始，长周期空中加油战法的各条均线全部形成了流畅的多头排列，2月 6 日，该股回调造成 KDJ 指标的 J 值从前一交易日的 10 以上回落到 0 以下。此时，股价距离 MA30 较远，但仍然是较好的慢牛吸纳点。第二天，股价继续小幅下跌，但没有跌破MA30，此后股价基本在 MA30 以上震荡上升。从 4 月 8 日开始，该股出现连续涨停板，虽然第一个涨停板创新高之时 MACD 有顶背离迹象，但是红柱出现而且股价涨停，没有必要卖出。到了 4 月 14 日，涨停板打开，放巨量收阴线，当天应该卖出股票。因为 MACD 指标

也创新高了，所以下一轮回调出现慢牛吸纳点，仍是一次绝佳的买点。

4月28日，该股调整收阴，KDJ指标的J值从前一个交易日的23以上降到0以下，出现慢牛吸纳点。此后，股价虽然还有一定幅度下跌，但到了MA30附近仍然是慢牛吸纳点，股价很快又迅速反身向上，再创新高。这一轮创新高的过程中，红柱也不断放大，没有出现卖出信号，5月底回踩MA10后在高位震荡，直到6月11日再创新高的时候，MACD顶背离而且没有出现红柱，由于当天封住了涨停板，可以等到第二天继续观察。到了6月12日，该股MACD仍然顶背离，还是绿柱，因此当天应该果断卖出，这一天也恰好是该股的历史最高点。

如果运用空中加油战法来把握该股的机会又如何呢？我们来看看空中加油战法在这只个股上这一波行情的表现。

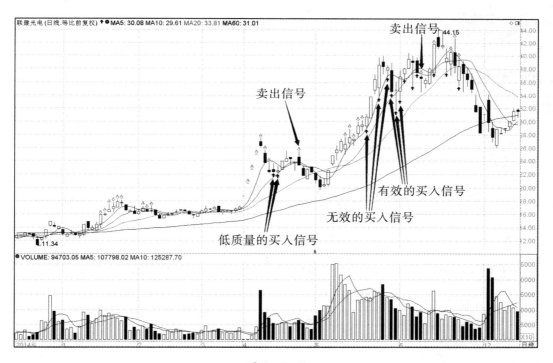

图 4－2－7

图4－2－7是联建光电（300269）2014年12月至2015年12月这段时间的走势图，可以看到运用空中加油战法买卖箭头信号几乎错失了这只大牛股。2015年4月初的连续涨停板之前，空中加油战法没有给出买入信号，无法抓住连续涨停的机会。其后，在4月17日给出了买入箭头信号，但是获利幅度不大，很快出现了卖出箭头信

号。2015 年 5 月的大涨行情也基本放掉了，前面三次买入箭头信号都是无效信号，直到 5 月 28 日才出现买入箭头信号，此后的获利空间也不大。所以大家要根据实际情况将两种方法结合使用，不能拘泥于形式，灵活操作，才能稳中求胜。

二、震荡市中用长周期空中加油战法寻找强势个股

1. 蓝筹股的机会。

震荡市甚至弱市之中也会出现个别的牛股，尤其是一些大盘蓝筹股，可能走出独立的拉升行情，也可以给投资者带来较大的收益，本章第一节举例的贵州茅台和温氏股份的波段行情都属于这一类。下面再看一个地产股的案例。

图 4—2—8 是保利地产（600048）2017 年 6 月至 2018 年 2 月的日 K 线图，该股 2017 年 7 月 26 日的回调，造成 KDJ 指标的 J 值从前一个交易日的 28 以上降至 0 以下，形成一个慢牛吸纳点，但这个买点是失败的，股价短暂上升后持续回落达到止损位，亏损 5％左右。

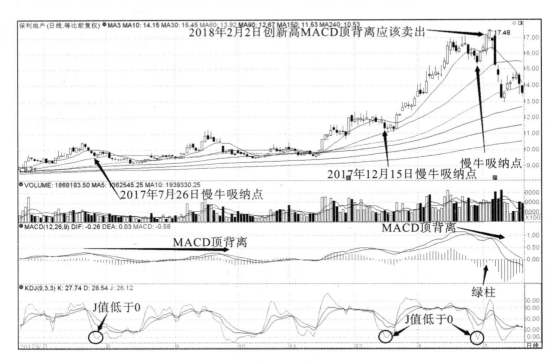

图 4—2—8

进入 2017 年 9 月，股价再创新高，但是 MACD 顶背离没有再创新高，那一次的回落不应该买入。直到 2017 年 11 月底，股价再创新高之后 MACD 指标也跟随再创新

高，到了 12 月 15 日，股价回调造成 KDJ 指标的 J 值从前一个交易日的 20 以上降至 0 以下，形成慢牛吸纳点。此后几天，股价又回到 MA30 附近，同样是慢牛吸纳点。2017 年 12 月 25 日，股价再创新高，MACD 指标处于顶背离状态，红柱不断放大，而红柱缩短时，MACD 指标已经创新高了，可以继续持股。一直到 2018 年 2 月 2 日，股价再创新高时，MACD 指标死叉向下，变为绿柱，所以当天应该卖出股票。

下面再看一个医药股的案例。

图 4—2—9 是片仔癀（600436）2018 年 1 月至 6 月的日 K 线图，当时的大盘也是处于典型的弱势震荡行情。可以看到该股在 2018 年 3 月初均线系统形成了多头排列，此后股价继续上涨后缓慢回到慢牛吸纳点，图中指示的慢牛吸纳点是 4 月 3 日股价回调接近 MA30 的位置，第二天 4 月 4 日 KDJ 指标的 J 值又降至 0 以下，同样是一个不错的买点。此后，股价加速拉升，到 5 月 29 日拉出放巨量的大阴线，此时就应该卖出，即便以大阴线收盘价卖出计算，收益率也高达 40% 以上。

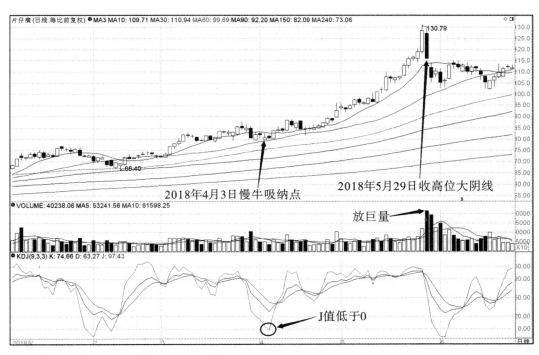

图 4—2—9

2. 阶段性反弹的个股机会。

再弱的行情，指数也会出现阶段性反弹，其中自然也有阶段性强势股出现，尽管符合长周期空中加油战法的个股不多，不过一旦出现强势股，就可能带来不错的收益。此外，运用长周期空中加油战法也可以捕捉到很多中短线牛股，下面我们来看案例。

图4-2-10是世嘉科技（002796）2018年9月至2019年2月的日K线图，可以看到该股在2018年11月下旬第一次创新高之后，长周期空中加油战法的各条均线逐步形成了流畅的多头排列。2018年12月25日，第二次创新高但MACD指标顶背离，股价回落，此时不宜买入。2019年1月18日，股价第三次创新高之后，MACD指标超过了第二次创新高的位置，因此不算顶背离。

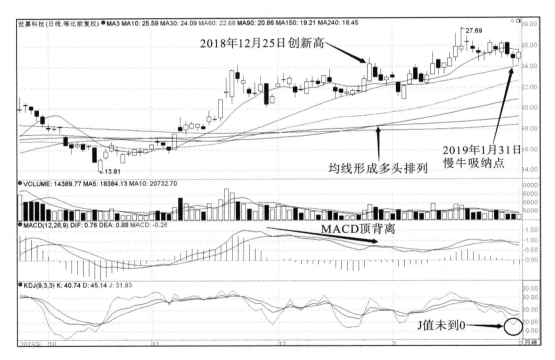

图 4-2-10

需要特别注意的是，很多人把顶背离理解为此时的MACD指标位置与第一次创新高时的位置进行对比，这是错误的，正确的做法是与最近一次股价创新高之时MACD指标的位置对比。2019年1月31日，股价回调接近MA30，也就是图中指示慢牛吸纳点的位置，虽然这一天KDJ指标的J值为13以上，但这是收盘时的数据，当天该股收出较长的下影线，在当天股价最低的时候，KDJ指标的J值已经接近0，而且下一个交易日股价也有一段时间低于1月31日的收盘价，那时候KDJ指标的J值数据也很低，所以这一次慢牛吸纳点也是绝佳的买点。下面我们来看看买点出现之后该股的走势情况。

图 4－2－11 是世嘉科技（002796）2019 年 1 月 31 日出现了慢牛吸纳点之后的走势图，可以看到从那一天之后，股价继续反身向上拉升，虽然在刚创新高时 MACD 指标有顶背离的迹象，但红柱不断放大，直到 MACD 指标再创新高，其间一直没有给出卖点。到了 2019 年 3 月 8 日，股价调整，KDJ 指标的 J 值从前一个交易日的 6 以上降至 0 以下，系统再一次给出了慢牛吸纳点，因此应该继续持有。直到 3 月 22 日，股价再创新高，但是 MACD 指标没能金叉，也是绿柱，故应当卖出股票。虽然该股回调后再创新高，但不符合长周期空中加油战法的买点条件，所以应该放弃。

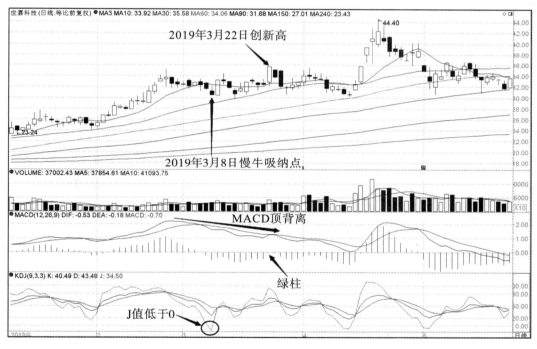

图 4－2－11

图 4－2－12 是创业慧康（300451）2018 年底至 2019 年 3 月的日 K 线图，可以看到该股从 2019 年 3 月中旬开始，均线形成多头排列，之前股价累计涨幅不大，创新高时 MACD 指标也同步创新高，此后的回落虽然 KDJ 指标没有出现超卖的情况，但 3 月 14 日和 18 日盘中股价都回到了 MA30 附近，综合来看，此时出现了不错的慢牛吸纳点。我们再来看看该股后期的走势。

图 4—2—12

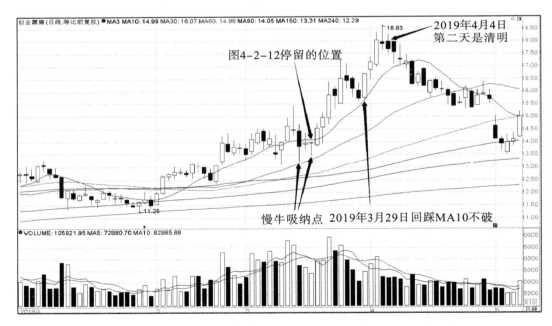

图 4—2—13

图4—2—13是创业慧康（300451）在出现了慢牛吸纳点之后的走势图，可以看到该股在出现慢牛吸纳点之后很快拉升创新高，短短半个月上涨超过30％，尤其是3月29日回踩10日均线不破后继续创新高。此后该股在高位，即清明节前后都出现了冲

高回落的走势，此时则可以卖出股票，锁定利润。

 第三节　长周期空中加油战法的短线运用

长周期空中加油战法所选取的均线系统周期较长，而要在日线级别形成多头排列需要很长的时间，正常情况下，只有经历了长时间充分酝酿的个股才能运用这一战法。不过，我们只要把 K 线图的周期调整得更短一些，就可以用长周期空中加油战法来操作短线强势股，实战之最常用的就是在 60 分钟 K 线图上，运用长周期空中加油战法捕捉短线牛股。这样做的好处，是在日 K 线图上面没有出现的机会，或者出现得很晚的机会，在 60 分钟 K 线图上运用长周期空中加油战法，就可以非常好地把握住启动之初的买入机会。也就是说，在 60 分钟 K 线图上使用长周期空中加油战法可以很好地弥补空中加油战法的不足之处，具体来说，有以下三种情况。

一、日线无买点

短线强势股日线不回调，空中加油战法不太容易抓住机会，但在 60 分钟 K 线图上使用长周期空中加油战法，则可以准确、及时地捕捉到战机。下面看一个案例。

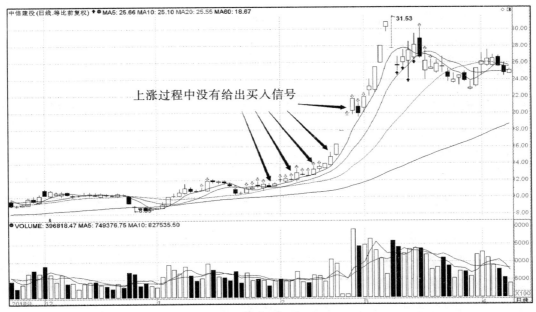

图 4—3—1

图4－3－1是中信建投（601066）2018年底至2019年4月的日K线图，图中标出了空中加油战法的专家系统公式买卖箭头信号，可以看到该股进入2019年2月后股价开启了一轮连续暴涨行情，短短一个多月股价大涨翻倍，但是空中加油战法的专家系统公式在股价启动中途一直没有给出有效的买入箭头信号，直到股价已经翻倍，处于高位系统才给出买入箭头信号，此时已经错过了最佳的机会。但是转换到60分钟K线图上情况就不一样了。

图4－3－2是中信建投（601066）放大后的60分钟K线图，时间是从2019年1月21日到3月13日，可以看到在2月11日第一小时开始，长周期空中加油战法所需的均线系统全部形成了多头排列，此后股价震荡向上，并在2月15日收盘一小时明显回到了慢牛吸纳点，给出了绝佳的买点，此后股价一路向上，直到连续涨停。下面再看看60分钟买入机会在日K线图上的位置。

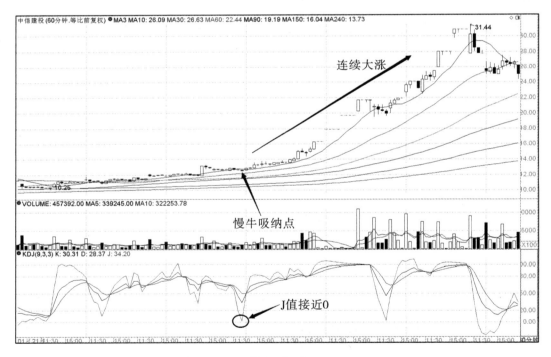

图 4－3－2

图4－3－3是中信建投（601066）的日K线图，图中箭头指示的2月15日当天，长周期空中加油战法在盘中给出了60分钟K线图的买入机会，此后股价一路拉升，即使在第一次打开涨停板之时获利出局，短线获利幅度也超过了60%。

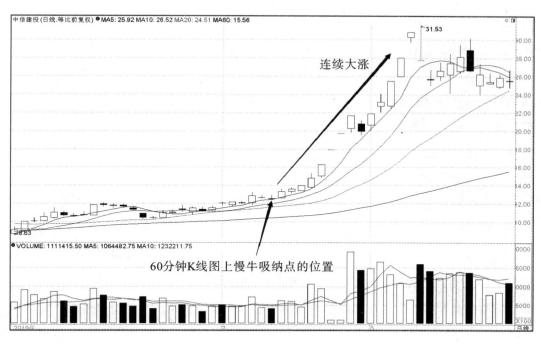

图 4—3—3

下面再看一个案例。

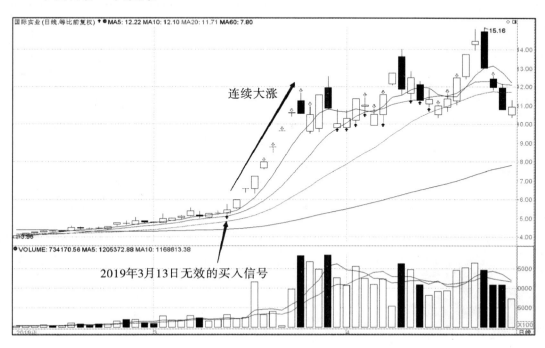

图 4—3—4

　　图4－3－4是国际实业（000159）2019年2月至4月的日K线图，图中标出了空中加油战法的专家系统公式买卖箭头信号，可以看到该股从2019年3月开始一轮连续暴涨行情，一个月之内股价实现了翻倍。3月13日，空中加油战法给出了一个买入箭头信号，但仔细分析后发现这是一个假信号，因为当天早盘低开回到MA5以下时，股价还没有创半年新高，因此系统不会给出买入箭头信号，后来股价拉升创新高之后，系统才给出买入箭头信号。据此操作，从低位启动的第一波拉升行情也就错过了。下面，我们转换到60分钟K线图上来看看该股的情况。

　　图4－3－5是国际实业（000159）放大后的60分钟K线图，时间是从2019年2月1日到3月18日，可以看到3月4日从第三小时开始，长周期空中加油战法所需的均线系统全部形成了多头排列，此后股价震荡向上，并在3月8日的后两个小时回到MA30附近，当天最后一小时KDJ指标的J值降至2.57，但这是收盘时的读数，那一小时收盘是阳线，但中途曾经跌破前一小时的最低点，盘中J值很有可能已经跌破0，给出了绝佳的买点，此后股价一路向上，直到连续涨停。下面再看看60分钟买入机会在日K线图上的位置。

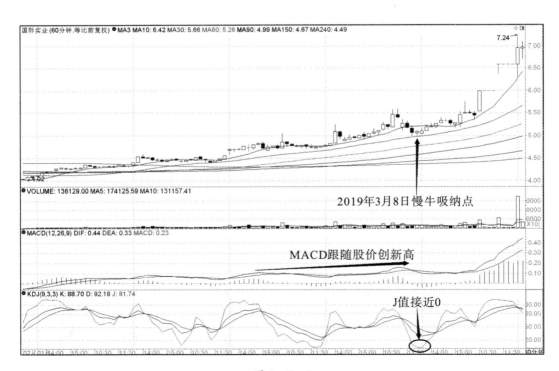

图4－3－5

图 4－3－6 是国际实业（000159）日 K 线图，图中标出箭头指示的地方，是 3 月 8 日盘中给出的 60 分钟 K 线图长周期空中加油战法的买入机会，此后股价一路拉升。需要特别注意的是，该股走出连续涨停板的走势可以视为转入疯牛行情，此后应该用空中加油战法来寻找卖点。3 月 25 日，该股巨量收阴线，应该卖出股票，即使以当天收盘价卖出，短线获利幅度也超过了 100%。

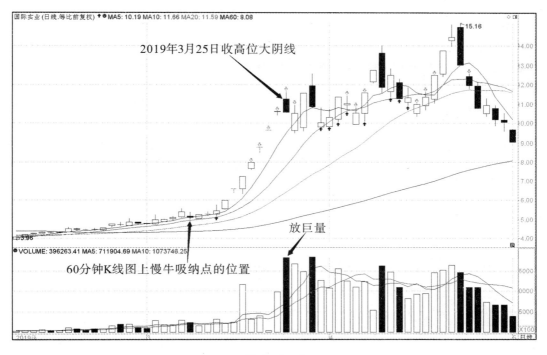

图 4－3－6

二、与日线买点相互印证

在日线图上出现了空中加油狙击点，但是时间非常短暂，如果在日线图上进行观察，就容易错过短线黑马股。因为慢牛走势的均线周期很长，在 60 分钟 K 线图上进行观察，才可以跟踪短线强势股，一旦出现慢牛吸纳点，可以和日线图上的空中加油狙击点相互印证，这样当短线机会出现时，就可以确立信心，立即抓住机会。下面看一个案例。

图 4－3－7 是闽东电力（000993）2019 年 1 月至 4 月一段时间的日 K 线图，图中标出了空中加油战法的专家系统公式买卖箭头信号，可以看到 3 月 13 日系统给出了买入箭头信号，图中小图为当天的分时走势图，仔细观察发现该股当天只有前一小时回调到了 MA5 下方，后面迅速走强，如果只看日线图很容易错过买点。此后几天，该股连续大幅

拉升，股价接近翻倍。下面，我们转换到 60 分钟 K 线图上来看看该股的情况。

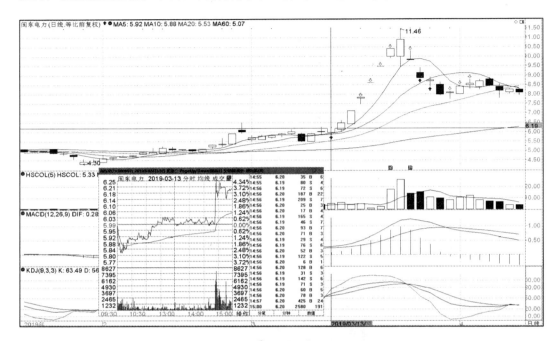

图 4—3—7

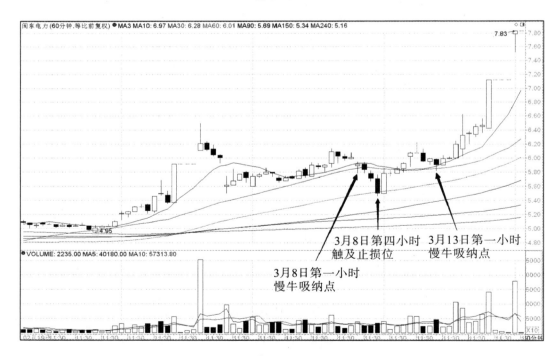

图 4—3—8

图4-3-8是闽东电力（000993）放大后的60分钟K线图，时间从2019年2月19日到3月18日，可以看到3月5日从开盘第一小时开始，长周期空中加油战法所需的均线系统全部形成了多头排列，此后股价震荡向上，并在3月8日交易第一小时回到MA30附近，形成了慢牛吸纳点，但当天尾盘最后一小时跌破了MA30，触及止损位。3月11日开盘也低于MA30，如果此时止损卖出则卖在了最低点，如果等待一小时后，股价就已经拉起离开了止损位，再次回调到了MA30附近，再一次形成了慢牛吸纳点，此时买入该股，享受随即开始的连续拉升。

事实上，3月13日也是日线图上空中加油狙击点的位置，此时我们可以看到两种方法在两个不同周期的K线图上都出现了买点，相互印证的结果，可以帮助我们做出买入决策，抓住这次绝好的短线机会。

下面再看一个案例。

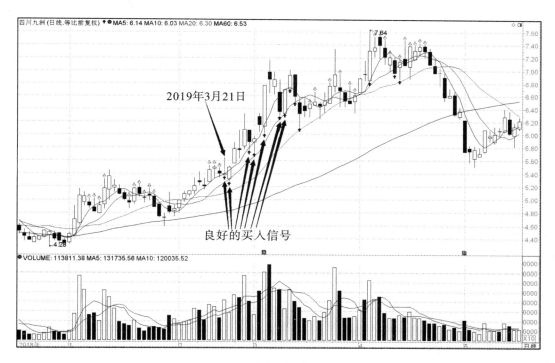

图4-3-9

图4-3-9是四川九洲（000801）2018年底至2019年5月一段时间的日K线图，图中标出了空中加油战法的专家系统公式买卖箭头信号，可以看到3月21日和22日，系统给出了第一次买入箭头信号，股价后面连续走强，后续拉升途中也陆续给出第二

173

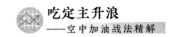

次、第三次买入箭头信号。下面，我们转换到 60 分钟 K 线图上来看看该股的情况。

图 4—3—10 是四川九洲（000801）放大后的 60 分钟 K 线图，时间是从 2019 年 1 月 21 日到 4 月 15 日，可以看到在 2 月 20 日最后一小时开始，长周期空中加油战法所需的均线系统全部形成了多头排列，此后股价在 2 月 22 日第一小时回到 MA30 附近，形成了慢牛吸纳点。接下来，股价连续拉升创新高。3 月 1 日，第一小时股价再次回调到 MA30 附近，此时 KDJ 指标的 J 值也降至 0 以下，再一次形成了慢牛吸纳点，此后股价随即再次连续拉升创新高。3 月 6 日第一小时，走出高开放巨量的大阴线，此时应该果断卖出股票。

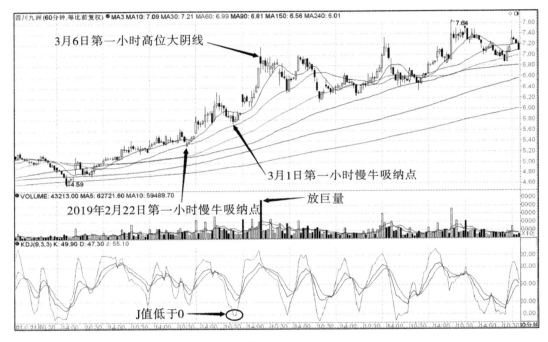

图 4—3—10

与此同时，2 月 22 日也是日线图上空中加油狙击点的位置。3 月 1 日，第二次慢牛吸纳点也是空中加油狙击点，由此可见，两种方法在两个不同周期的 K 线图上的关键点位都给出了买点，此时可抓住这个绝好的短线机会，果断买入。

三、次新股的机会

上市不久的次新股 60 日均线还没有形成，空中加油战法无法给出买入信号，这时使用 60 分钟 K 线图可以在至少有四条均线的情况下，不受影响地判断是否出现了慢牛吸纳点，并进行相应操作。下面看一个案例。

图 4－3－11 是中贝通信（603220）2018 年 11 月中旬上市后 4 个月的日 K 线图，因此空中加油战法始终都没有给出买入箭头信号。下面，我们转换到 60 分钟 K 线图上来看看该股的情况。

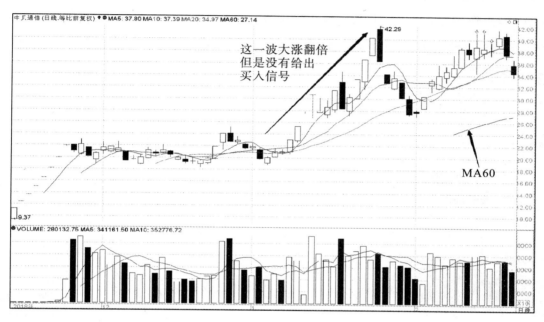

图 4－3－11

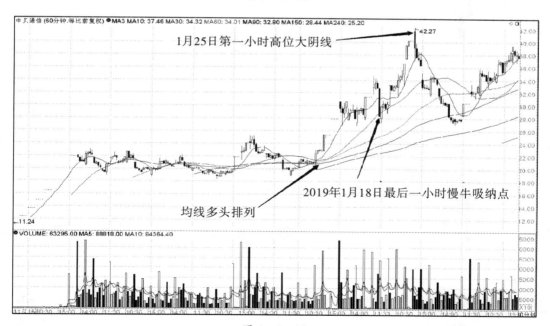

图 4－3－12

图 4－3－12 是中贝通信（603220）放大后的 60 分钟 K 线图，时间是从 2018 年 11 月 15 日到 2019 年 2 月 20 日，可以看到在 2019 年 1 月 9 日交易的第二小时开始，MA150 出现了，并且所有均线形成了多头排列，此后股价从 1 月 18 日最后一小时开始连续回到 MA30 附近，形成了慢牛吸纳点。此后，股价迅速拉升再创新高，直到 1 月 25 日第一小时拉出高开放量的大阴线，此时可以果断卖出股票，短短 6 个交易日上涨幅度超过 40％。

下面再看一个案例。

图 4－3－13 是博通集成（603068）2019 年 4 月中旬上市后 4 个月的日 K 线图，图中标出了空中加油战法的专家系统公式买卖箭头信号，可以看到 MA60 直到很晚才出现，空中加油战法在 MA60 出现不久给出了买入箭头信号，如果据此操作也算成功的。但是前面的上涨行情很难把握住。下面，我们转换到 60 分钟 K 线图上来看看该股的情况。

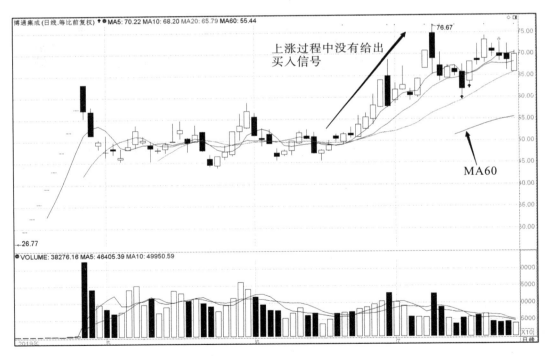

图 4－3－13

图 4－3－14 是博通集成（603068）放大后的 60 分钟 K 线图，时间是从 2019 年 5 月 27 日到 2019 年 7 月 30 日，可以看到在 2019 年 6 月 28 日的最后一小时，所有均

线形成了多头排列，也是在这一小时 KDJ 指标的 J 值降至 0 以下，形成了慢牛吸纳点。此后，股价拉升一波没有创新高，后再次回调，7 月 3 日交易的第一小时，开始连续回到 MA30 附近，再次形成慢牛吸纳点，此后股价展开了一波大幅拉升并创新高。7 月 8 日交易第一小时，走出高开放量的大阴线，此时应该卖出股票，因为之前短短 6 个交易日上涨幅度超过 30％。

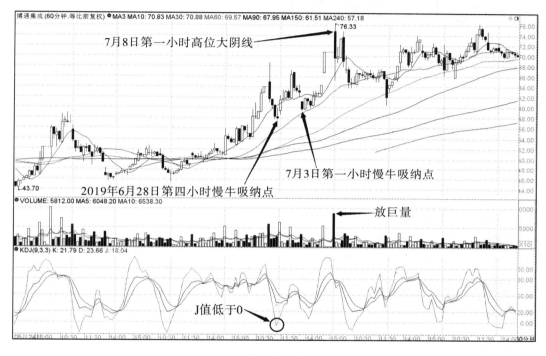

图 4—3—14

通常情况下，由于次新股的流通盘很小，上市不久，且没有历史套牢盘，上市之初很容易走出短线快速拉升行情，此时日 K 线图上 MA60 还未出现，因此系统不会给出空中加油战法的买入箭头信号，而使用长周期空中加油战法在 60 分钟 K 线图上只需有 10 分钟、30 分钟、60 分钟、90 分钟四条均线就可以用来判断慢牛吸纳点，从而借此可较精准把握短线机会。

第五章
空中加油做空战法与长周期
空中加油做空战法

　　据调查，我国 A 股市场的大多数普通投资者的交易都是亏损的，一个主要的原因就是缺少做空机制。而我国股市大盘牛短熊长的特征明显，加之大多数股票不具备投资价值，在上市公司分红不慷慨的情况下，这个结果也就不足为奇了。尤其是从 2015 年牛市结束之后，大盘和个股都反复下跌，截至 2019 年年中，上证指数从 5178 点跌至 2440 点附近，下跌幅度超过 50％，而大多数个股的下跌幅度更大。在这种情况下，学习如何做空就显得非常重要了，掌握做空技巧后，既可以在熊市规避市场的系统性风险，又可以利用市场的下跌实现盈利，可以说做空是资本市场投资者必须掌握的一门技巧。

　　可喜的是，随着 A 股市场的日趋规范化和国际化，市场的做空手段不断丰富，截至 2019 年 8 月，能够真正实现做空的渠道和目标主要包括：融券做空部分个股，股指期货做空三大指数，利用认沽期权做空上证 50 指数。

　　本章我将详细讲解如何将前文所述的空中加油战法和长周期空中加油战法分别改为空中加油做空战法和长周期空中加油做空战法，并运用它们来指导我们的实战操作。随着我国资本市场做空品种越来越多，除了做多赚钱，同时还练就做空本领，可以说至关重要。但要提醒的是，要想成为一个成功的投资者，你必须要改变之前的单边思维。

第一节　空中加油做空战法

前文讲述的空中加油战法和长周期空中加油战法，都是按照上涨做多盈利目标来设置其买入和卖出条件的，但市场形成的趋势不但有上涨趋势，也有下跌趋势。经过多年实战总结，我发现市场中绝大多数交易品种的下跌趋势和上涨趋势的判断方法其实是一样的，都可以用同一种方法来判断其趋势的形成、延续和结束，这样我们只需要把买入条件和卖出条件按照完全相反的方向重新设置，就可以得到相应的做空战法。同时，空中加油做空战法也适应于所有时间周期的 K 线图，下面主要以日 K 线图为例进行具体讲解，一起来看看空中加油做空战法的具体内容。

空中加油做空战法的做空卖出和平仓买入条件，以及通达信软件自动选股和买卖箭头信号的设置，与空中加油战法相似，前文已经详细叙述，这里列出所有设置的内容，读者重在理解其含义，在实际操作中融会贯通。

一、空中加油做空战法的做空卖出条件

下列 5 个条件必须全部同时满足，做空卖出条件才能成立。

1. 股价最近 10 个交易日创出最近半年新低。
2. 成交量无须放大，最好是上涨时缩量，下跌时放量。
3. 四条均线形成流畅的空头排列，其中 MA10、MA20、MA60 三条均线的运行方向必须向下，而且满足下线距小于中线距，中线距小于上线距。
4. 股价创新低之后第一次从 MA5 下方运行到 MA5 和 MA10 之间，可称为空方的"空中加油狙击点"，此时应当果断做空。
5. 排除以下情况个股：ST 股，问题股，高控盘交易不活跃股票，短线跌幅已经超过 30％的股票，MACD 指标底背离的股票，KDJ 指标连续超卖的股票，低位放量大阳线反弹的股票，低位时间窗口变盘向上的股票。

下面来看一个使用空中加油做空战法做空个股的标准形态。

图 5—1—1 是融资融券标的股滨江集团（002244）2017 年 10 月至 2018 年 4 月一

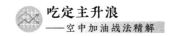

段时间的走势图，可以看到该股在 2018 年 4 月 20 日股价创了最近半年新低，均线系统也形成了流畅的空头排列，四条均线的方向全部向下，在图中最后一天的 4 月 26 日，均线之间的距离是：下线距小于中线距，中线距小于上线距，这一天股价大部分时间运行在 MA5 和 MA10 之间，进入了空方的空中加油狙击点，给出了很好的做空点。我们再来看看该股后期的走势。

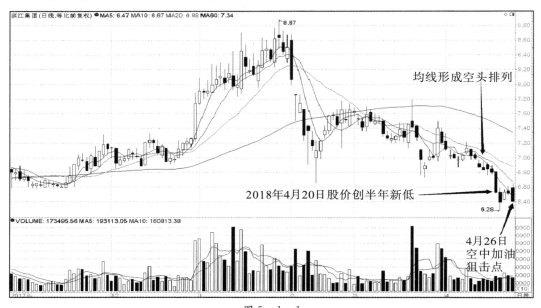

图 5—1—1

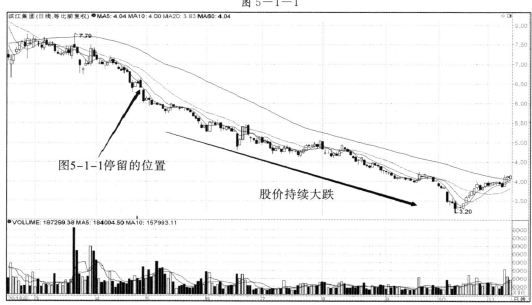

图 5—1—2

180

　　图5—1—2是滨江集团（002244）在出现了完全符合空中加油做空战法的做空条件之后一段时间的走势图，可以看到该股在4月26日之后连续下跌，3个月的下跌幅度达到30%以上。

　　下面看一个做空形态不标准的例子。

　　图5—1—3是亚泰国际（002811）（现为郑中设计）2018年6月12日至8月13日这段时间的走势图，图中最后两个交易日系统都给出了卖出箭头信号，但是我们仔细观察，可以看到当时的四条均线虽然形成空头排列，但是均线排列不流畅、不整齐。MA60和MA20呈现平缓下行，但是MA10下降斜率较大，MA5则开始反身向上。最好的做空形态是四条均线下行斜率相差不大，并排向下，股价也还没开始大跌，而是小阴小阳逐步向下。图中还可以看到当时MACD指标已经出现底背离形态，并且绿柱开始缩短，KDJ指标的J值也在8月6日创新低前后进入了0以下的超卖状态，这也是不标准做空形态常常伴随出现的现象。下面我们再看该股其后的走势。

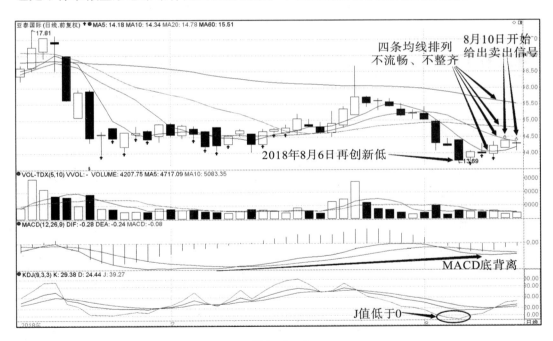

图5—1—3

　　图5—1—4是亚泰国际（002811）在给出了不标准状态下的卖出信号后一段时间的走势，紧接着两个卖出信号之后，8月14日该股不但没有下跌，反而放量大涨并一度触及MA60，收盘也远高于MA20，达到了止损位。这一次做空信号完全失

败。以后我们在做空的时候，一定要仔细观察均线的形态，以及其他指标，是否标准。

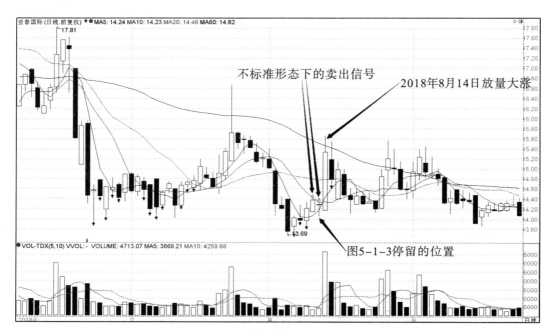

图 5—1—4

二、空中加油做空战法的平仓买入条件

平仓是期货交易术语，做一个空单叫作开仓或建仓，持有不动叫作持仓，买入一个方向相反的相同合约从而把空单销掉就叫平仓。此处借用来表示把卖出的股票或期货合约买回销掉。

和空中加油战法一样，下列 5 个条件只要有一个满足，平仓买入条件就可以成立，在熊市情况下可以适当容忍一个平仓买入条件，但两个平仓买入条件同时满足就不能再等了，应该果断平仓买入。

1. 股价连续三天盘中涨上 MA10，或者收盘价站上 MA20，或者盘中站上 MA60。

2. MA10 的运行方向拐头向上。

3. 股价连续大幅杀跌，造成某一时间点的下线距大于中线距。

4. 股价经历持续下跌后进入历史重要支撑位，或者出现放量大阳线。

5. 根据简单技术指标和时间窗口寻找平仓点，例如 MACD 底背离，KDJ 超卖，农历节气等。

在股市里，个股的上涨空间天然就大于可能的下跌空间，因为一波较大的行情很多个股的上涨幅度可以达到 100% 以上，而下跌幅度则不可能达到 100%。在实战中，个股经历一波连续下跌行情，下跌幅度通常在 20%～30%，只有大熊市的主跌浪跌幅可以超过 30%。所以投资者在做空的时候如果一波行情已经获利超过 20%，即使没有出现明显的平仓买入条件，也可以主动逢低平仓买入。下面看一个案例。

图 5－1－5 是融资融券标的股浙富控股（002266）在 2017 年 6 月至 11 月一段时间的走势图，可以看到该股在 11 月 3 日股价创了最近半年新低，均线系统也形成了流畅的空头排列，四条均线的方向全部向下，在图中最后两天的 11 月 9 日和 10 日均线之间的距离是下线距小于中线距，中线距小于上线距，这两天股价大部分时间运行在 MA5 和 MA10 之间，进入了空方的空中加油狙击点，系统给出了做空点。我们再来看看该股后期的走势。

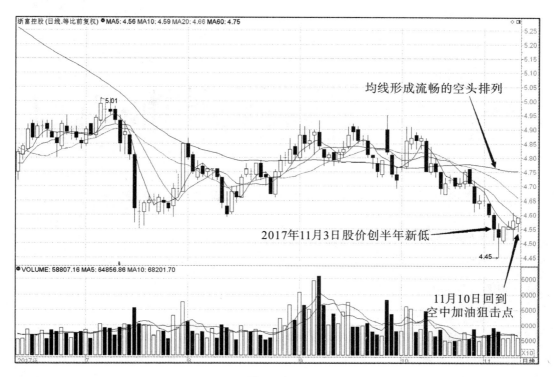

图 5－1－5

图 5-1-6 是浙富控股（002266）在出现了完全符合空中加油做空战法做空条件之后一段时间的走势图，可以看到该股在 11 月 10 日之后连续下跌 6 天，在 11 月 20 日这一天探底后放量大涨，收大阳线，出现这样的形态应该平仓买入。该股短期最大跌幅不超过 10%，出现大阳线收盘时平仓获利幅度只有 3.5% 左右。获利空间的大小很难预判，只要做空条件全部满足就可以操作，最终获利多少都是正常的。

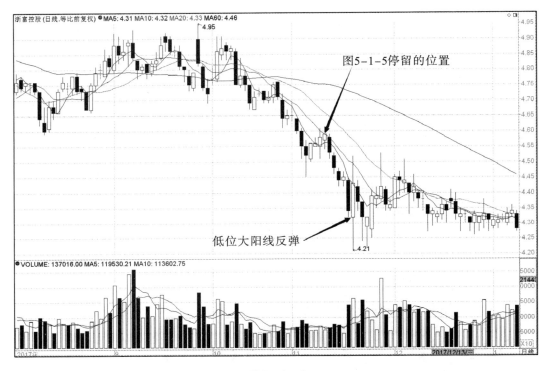

图 5-1-6

三、空中加油做空战法的自动选股和买卖箭头信号设置

1. 自动选股设置。

使用通达信条件选股公式编辑器（见图 5-1-7）编辑空中加油做空战法的自动选股功能代码如下（注意其中的空格）：

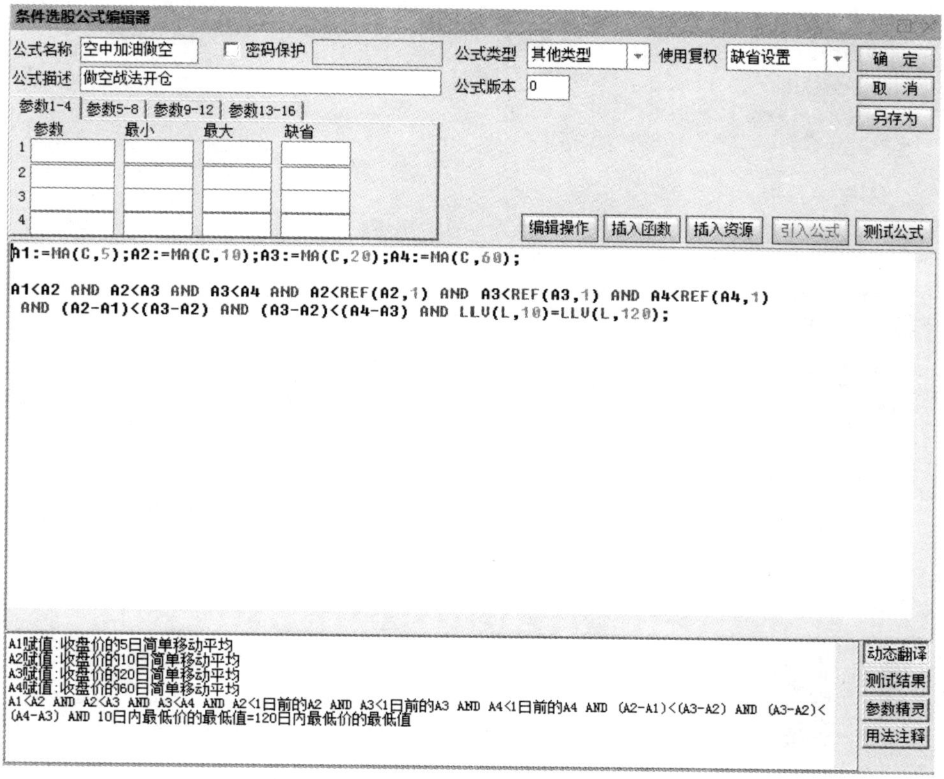

图 5—1—7

A1：=MA（C，5）；A2：=MA（C，10）；A3：=MA（C，20）；A4：=MA（C，60）；

A1＜A2 AND A2＜A3 AND A3＜A4 AND A2＜REF（A2，1）AND A3＜REF（A3，1）AND 4＜REF（A4，1）

AND（A2－A1）＜（A3－A2）AND（A3－A2）＜（A4－A3）ANDLLV（L，10）=LLV（L，120）；

设置好了空中加油做空战法的自动选股公式以后，就可以进行选股了，选股的具体过程在第一章第三节中已经详细介绍过，此处不再赘述。选出个股之后，盘中随时观察是否给出做空的卖出箭头信号。

2. 买卖箭头设置。

在通达信软件中，空中加油做空战法的买卖箭头信号设置如下所示。

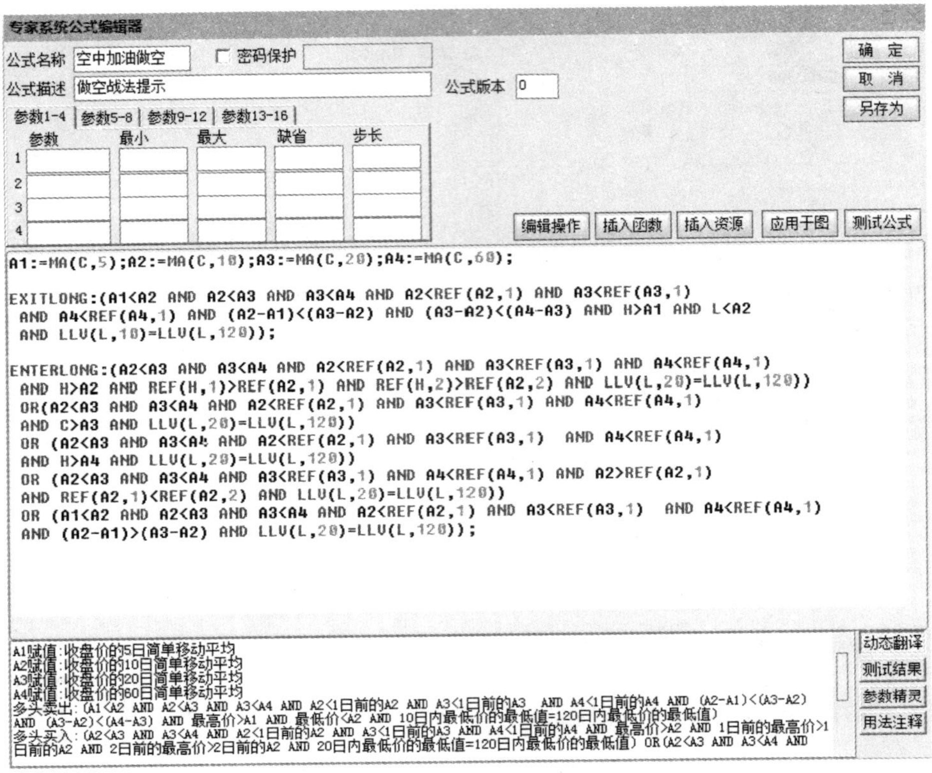

图 5-1-8

空中加油做空战法的买卖箭头信号提示公式，其代码如下（注意其中的空格）：

A1：=MA（C，5）；A2：=MA（C，10）；A3：=MA（C，20）；A4：=MA（C，60）；

EXITLONG：（A1＜A2 AND A2＜A3 AND A3＜A4 AND A2＜REF（A2，1）AND A3＜REF（A3，1）

AND A4＜REF（A4，1）AND（A2－A1）＜（A3－A2）AND（A3－A2）＜（A4－A3）AND H＞A1 AND

L＜A2 AND LLV（L，10）=LLV（L，120））；

ENTERLONG：（A2＜A3 AND A3＜A4 AND A2＜REF（A2，1）AND A3＜REF（A3，1）AND

A4＜REF（A4，1）AND H＞A2 AND REF（H，1）＞REF（A2，1）AND REF（H，2）＞REF（A2，2）AND

LLV（L，20）=LLV（L，120））

OR（A2＜A3 AND A3＜A4 AND A2＜REF（A2，1）AND A3＜REF（A3，1）
AND A4＜REF（A4，1）

AND C＞A3 AND LLV（L，20）＝LLV（L，120））

OR（A2＜A3 AND A3＜A4 AND A2＜REF（A2，1）AND A3＜REF（A3，1）
AND A4＜REF（A4，1）

AND H＞A4 AND LLV（L，20）＝LLV（L，120））

OR（A2＜A3 AND A3＜A4 AND A3＜REF（A3，1）AND A4＜REF（A4，1）
AND A2＞REF（A2，1）

AND REF（A2，1）＜REF（A2，2）AND LLV（L，20）＝LLV（L，120））

OR（A1＜A2 AND A2＜A3 AND A3＜A4 AND A2＜REF（A2，1）AND A3＜
REF（A3，1）AND

A4＜REF（A4，1）AND（A2－A1）＞（A3－A2）AND LLV（L，20）＝
LLV（L，120））；

设置好了空中加油做空战法的买卖箭头之后，再来寻找做空机会就简单很多了。这样可以节省分析的大量时间，只需要密切关注是否出现卖出箭头信号，再来研判是否进行做空操作。下面看一个案例。

图5－1－9是融资融券标的股国信证券（002736）2018年2月至6月一段时间的日K线图，图中设置好了空中加油做空战法的买卖箭头信号，和空中加油战法的买卖箭头信号一样，在没有给出做空卖出箭头信号之前出现的平仓买入信号都是无意义的，可以忽视。图中标示出了前后两次给出的做空卖出箭头信号，其中一次在3月28日给出做空卖出信号之前，股价经历了连续两天大跌后在低位探底回升的走势，出现这样的走势和做多时股价冲高回落是一样的，趋势有反转的可能，因此最好放弃操作。最后两天的6月14日、15日连续给出的做空卖出箭头信号就非常可信，当时均线系统空头排列很流畅，MACD指标没有底背离，无论从哪方面看，都是很好的做空机会。我们再来看看该股后期的走势。

图5－1－10是国信证券（002736）在给出了良好的做空卖出箭头信号之后的走势图，接下来6月19日的卖出箭头信号是无效的，当天出现放量大跌，6月20日给出了平仓买入箭头信号，此时平仓可以获利9%左右。6月21日继续下跌，这一天是农历夏至，股价短线基本见底。在农历节气的重要时间窗口股价见底回升之后，6月27日、28日、29日再次给出的做空卖出箭头信号，不具备可信性，此时最好不要进行卖出操作。

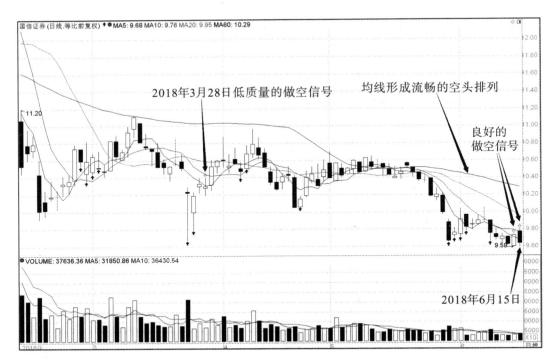

图 5—1—9

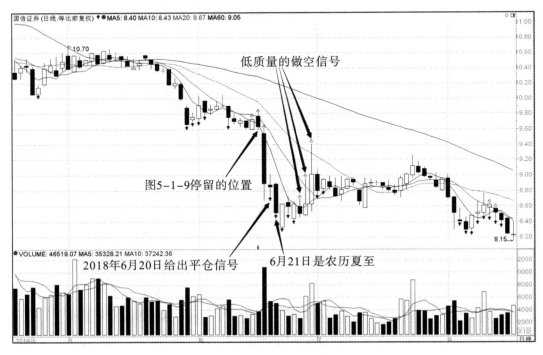

图 5—1—10

四、空中加油做空战法实战运用

1. 大盘指数的做空机会。

买卖条件设置好了之后，下面就可以进行实战应用了。如今，A 股市场上已经推出了多种可以对大盘指数进行做空的工具，本章第三节再进行具体介绍。下面首先看看空中加油做空战法在上证指数上显示的操作机会。

图 5－1－11 是上证指数（000001）2018 年全年的日 K 线图，上面已经设置好了空中加油做空战法的买卖箭头信号，虽然 2018 年整体的行情都是持续下跌，但下跌并不流畅，中间有 4 个阶段连续给出了做空卖出箭头信号，但是获利空间都不大，如果据此操作盈利不大。究其原因，主要是大盘走势受到重多因素的影响，市场运行一波三折。针对这样的市场状况，我们的解决办法主要有两种：一是针对大盘指数主要寻找更短周期的下跌行情进行波段操作，二是等待部分可以做空的个股出现主跌浪行情。

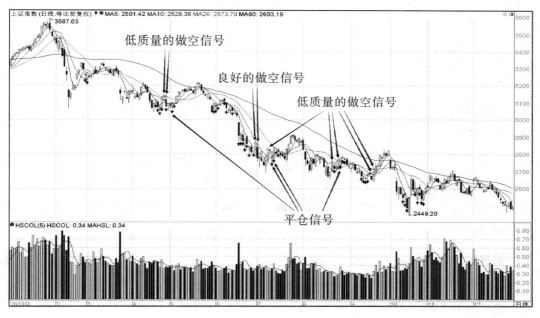

图 5－1－11

我们进一步分析上证指数在 2018 年的大跌，发现从 6 月上旬到 7 月上旬是一波连续、流畅下跌的行情，其间没有出现大的反弹，如果我们在更小的周期上面来寻找做空卖出获利的机会应该会很不错。经过对比发现，在 30 分钟 K 线图上面出现了良好的做空机会，下面来看看当时的走势。

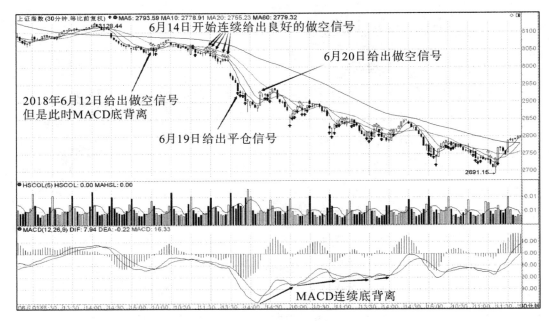

图 5—1—12

图 5—1—12 是上证指数（000001）2018 年 6 月初至 7 月上旬的 30 分钟 K 线图，可以看到 6 月 12 日首次给出了做空卖出箭头信号，但是当时的 MACD 指标已经底背离，这次机会应该放弃。此后，从 6 月 14 日的最后半小时开始，系统连续给出了 8 个做空卖出箭头信号，当时的大盘指数还在 3040 点上方。此后大盘连续大跌，直到 6 月 19 日上午出现了第三类平仓信号，也就是下线距大于中线距，大盘有了加速下跌的迹象，此时的上证指数是 2932 点，短短几天就跌去了 100 多点，做空可以获得良好的收益。此后的 6 月 20 日，系统再次给出了做空卖出箭头信号，但是很快又出现平仓买入箭头信号，这一次平仓造成的亏损很小，再往后大盘不断创新低但 MACD 连续底背离，就可以放弃操作了。

2. 个股的做空机会。

在大盘处于均线空头排列的情况下，大部分个股的趋势也是向下的，这时候可寻找部分融资融券标的股做空，下面看一个大盘股的案例。

图 5—1—13 是融资融券标的股平安银行（000001）2018 年 4 月至 8 月一段时间的走势图，该股在进入 6 月大盘空头趋势期间，出现了空中加油做空战法的做空机会，当时的均线系统也形成了流畅的空头排列，四条均线的方向全部向下，均线之间的距离也都符合下线距小于中线距，中线距小于上线距的条件，从 6 月 1 日开始到 6 月下

旬，系统连续不断出现卖出箭头信号，系统给出了很好的做空点。此后，该股连续破位下跌，从6月27日开始出现了买入箭头信号，这是第三类平仓买入条件，这一天可以获利平仓，做空获利幅度超过10%，考虑到这是一只大盘蓝筹股，这个获利幅度算是不错了。

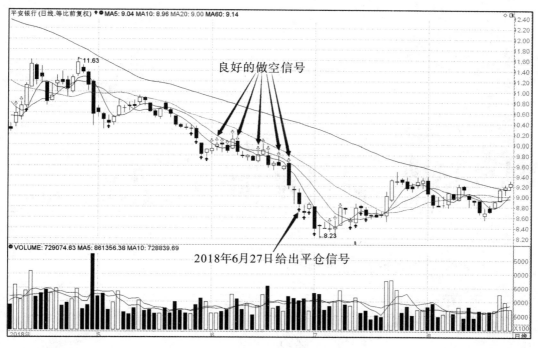

图5—1—13

下面再看一个中小板个股的案例。

图5—1—14是融资融券标的股软控股份（002073）2018年4月至8月这段时间的走势图，在6月大盘空头趋势期间，该股出现了不错的空中加油做空战法的做空机会，当时的均线系统也形成了流畅的空头排列，四条均线的方向全部向下，均线之间的距离也都符合下线距小于中线距、中线距小于上线距的卖出条件。6月7日这天一开盘，系统就出现了卖出箭头信号，给出了良好的做空点。此后，该股连续下跌20%以上，直到6月21日的夏至日出现了探底反弹的走势，其后两天也连续探底反弹，不过下跌动力不足，此时应该选择平仓，做空获利幅度达20%以上。

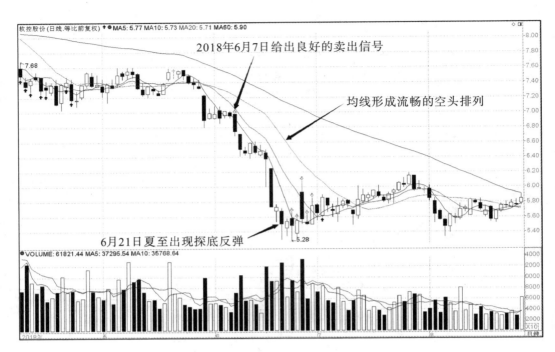

图 5—1—14

下面再看一个创业板个股的案例。

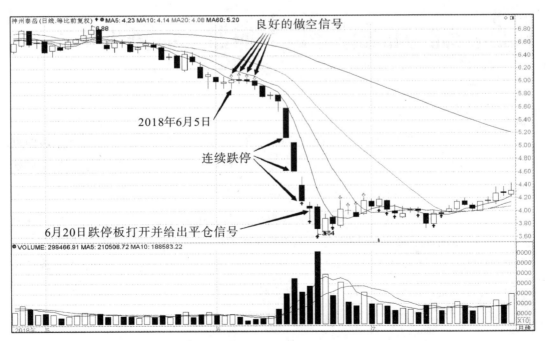

图 5—1—15

图 5-1-15 是融资融券标的股神州泰岳（300002）2018 年 4 月至 7 月这段时间的走势图，在 6 月大盘空头趋势期间，该股出现了符合空中加油做空战法的做空机会，当时的均线系统也形成了流畅的空头排列，四条均线的方向全部向下，均线之间的距离也都符合了下线距小于中线距，中线距小于上线距的买入条件，从 6 月 5 日开始，连续 4 个交易日系统都出现了卖出箭头信号，给出了做空点。此后，该股连续大跌，从 6 月 14 日开始连续三个跌停板，到了 6 月 19 日的第三个跌停板，出现了买入箭头信号，但是因为当天封住跌停板，所以应该暂时持有到下一个交易日。6 月 20 日，系统继续给出买入箭头信号，这一天可以获利平仓，做空获利幅度达到 30％以上。

第二节　长周期空中加油做空战法

和空中加油做空战法一样，长周期空中加油做空战法也是直接把长周期空中加油战法的多方买入条件翻转成空方做空卖出条件即可，相应的，平仓买入条件也是把多方卖出条件翻转过来转化为空方平仓买入条件。同时，长周期空中加油做空战法同样适应于所有时间周期的 K 线图，下面主要以日 K 线图为例进行具体讲解。

一、长周期空中加油战法的做空卖出条件

和空中加油做空战法一样，下列三个条件必须全部同时满足，做空卖出条件才能成立。

1. 设置六条均线：MA10、MA30、MA60、MA90、MA150、MA240，所有均线形成流畅的空头排列，其中 MA30、MA60、MA90、MA150、MA240 这五条均线的运行方向必须向下，MA10 允许短暂向上。

2. 股价创新底之后第一次从 MA10 下方运行到 MA10 和 MA30 之间，可称为空方的"慢跌做空点"，此时应当逢高做空卖出。（股价反弹最好回到 MA30 附近，或者 KDJ 指标的 J 值达到 100 附近）

3. 出现空中加油做空战法的做空卖出条件第 5 条的各种情况应该放弃做空，尤其要注意的是出现慢跌做空点之前一波短期下跌不能超过 30％以上的跌幅，不能出现低位放量大阳线，或者 MACD 指标底背离并金叉向上，这些情况下都应该放弃做空。

下面来看一个使用长周期空中加油做空战法做空个股的标准形态。

图 5－2－1 是融资融券标的股温氏股份（300498）2016 年 10 月至 2017 年 5 月一段时间的走势图，可以看到该股在进入 2017 年 4 月中旬后，均线系统形成了流畅的空头排列，六条均线的方向全部向下，图中的最后一天 5 月 2 日小幅反弹，当天收盘时 KDJ 指标的 J 值达到了 99 以上，考虑到当天收带上影线的小阴线，在盘中该股呈现阳线的时候 KDJ 指标的 J 值应该达到了 100 以上，因此可以视为长周期空中加油做空战法的慢跌做空点。我们再来看看该股后期的走势。

图 5－2－1

图 5－2－2 是温氏股份（300498）在出现了长周期空中加油做空战法的做空点之后一段时间的走势图。可以看到该股在出现慢跌做空点之后开始连续急跌，连续收出六根阴线，直到 5 月 11 日再创新低之后探底反弹收阳线。通过查询万年历得知，这一天是农历四月十六望日，是一个敏感时间窗口，出现探底反弹应该平仓买入。据此操作短线获利幅度超过 15％。

图 5—2—2

二、长周期空中加油做空战法的平仓买入条件

慢跌加速变急跌是长周期空中加油做空平仓买入的条件。

如果出现慢跌做空点之后，股价下跌再创新低，然后反弹不能站上 10 日均线，或者仅仅上影线上穿 10 日均线而收盘又跌回均线下方，后面又再次创新低，那么说明股价开始依托 10 日均线下跌，阴跌加速变为急跌，这当然是我们最希望看到的，这种情况就可以转换到空中加油做空战法，直接采用其平仓买入条件来进行操作。

阴跌走势情况下做空也可能失败，如：MA10 上穿 MA30 和 MA60 造成空头排列被严重破坏，股价反弹冲上 MA60。长周期空中加油做空战法中加入 MA10 是为了判断股价是否从缓跌转为急跌，MA10 允许向上短暂金叉 MA30，但是如果继续金叉 MA60，那么下跌趋势就结束了，应该平仓买入。

股价经历大幅下跌进入历史重要支撑位，或者出现放量大阳线，或者在时间窗口出现了探底回升的情况等，应该平仓买入。这几种情况和空中加油做空战法的平仓买入条件类似，这里不再赘述。长周期空中加油做空战法最容易出现的是 MACD 指标底背离的情况，和做多战法相反，出现 MACD 指标底背离向上金叉则不能做空。如果前

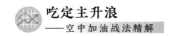

面已经做空的话，那么在 MACD 指标绿柱继续放大的情况下可以继续持有，一旦绿柱缩短而 MACD 指标仍然底背离就应该平仓买入。

下面看一个慢跌加速变急跌的案例。

图 5—2—3 是融资融券标的股许继电气（000400）2017 年 8 月至 2018 年 5 月一段时间的走势图，可以看到该股在进入 2017 年 10 月下旬后均线系统形成了流畅的空头排列，六条均线的方向全部向下，图中标出了 2017 年 11 月 10 日这一天，当天虽然放量反弹，但是刚好接近 MA30，而且 KDJ 指标的 J 值接近了 100，完全符合长周期空中加油做空战法的做空条件。此后，该股持续下跌，在 12 月 4 日股价反弹接近 MA10 但并没有站上这条均线，12 月 12 日再次连续几天反弹接近 MA10，同样都没有站上 MA10，此后股价再次下跌创新低，慢跌趋势已经转变为了急跌。图中标出了空中加油做空战法的买卖箭头信号，可以看到 2018 年 1 月 2 日给出了买入箭头信号，此时可以选择平仓。但是第二天 1 月 3 日该股反弹造成 KDJ 指标的 J 值达到 100 以上，再一次形成了慢跌做空点，此后股价再创新低，在 1 月 16 日又出现了买入箭头信号，应该平仓买入。

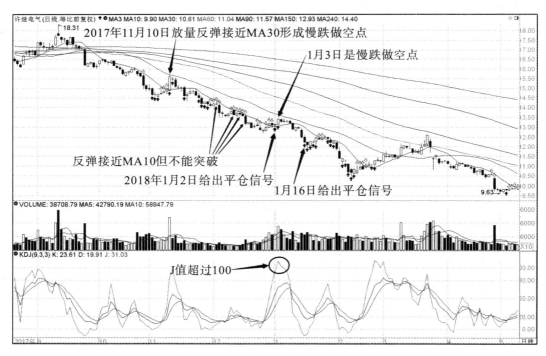

图 5—2—3

下面再看一个 MACD 指标底背离平仓的案例。

图 5－2－4 是融资融券标的股天玑科技（300245）2018 年 3 月至 8 月一段时间的走势图，可以看到该股在进入 2018 年 6 月下旬后，均线系统形成了流畅的空头排列，六条均线的方向全部向下，此后股价横盘震荡后小幅反弹到 MA30 附近，图中标出了 7 月 25 日的慢跌做空点，此后股价没有突破 MA30，而是向下再创新低，在图中最后一天 8 月 1 日股价创新低，同时明显可以看到 MACD 指标出现了底背离形态，而且当天 MACD 指标还出现微小的红柱，按照平仓条件应该平仓买入股票。我们再来看看该股后期的走势。

图 5－2－4

图 5－2－5 是天玑科技（300245）在 MACD 指标形成底背离之后一段时间的走势图，可以看到该股在出现了 MACD 指标底背离之后第二天继续收大阴线，但是此后很快见底企稳，在 8 月 1 日平仓买入没有平在最低点，但是这一笔交易仍是赢利的，从概率来说出现 MACD 指标底背离形态后反弹的可能性很大，严格按照战法规定的平仓条件操作，可以规避不必要的风险。

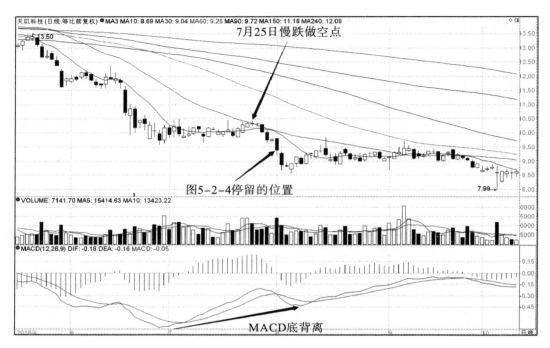

图 5—2—5

下面再看一个 MACD 指标底背离得到化解的案例。

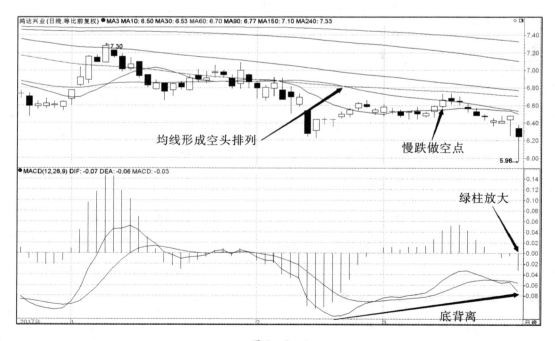

图 5—2—6

图5－2－6是融资融券标的股鸿达兴业（002002）2017年12月至2018年3月一段时间的走势图，可以看到该股在进入2018年2月下旬后，均线系统形成了流畅的空头排列，六条均线的方向全部向下，图中标出了3月12日的反弹达到了MA30附近，系统给出了不错的慢跌做空点，当时连续三天股价盘中都反弹站上MA30，但是没有达到MA60的止损点，然后反身继续下跌并在图中的最后一天再创新低。此时，可以明显看到MACD指标出现了底背离的形态，但是当天绿柱大幅放大，因此可以继续持有到下一个交易日再观察情况。该股后期的走势如图5－2－7所示。

图5－2－7是鸿达兴业（002002）在MACD指标形成底背离之后一段时间的走势图，可以看到该股在出现了MACD指标底背离之后并没有反弹，反而连续暴跌，MACD指标的绿柱也相应地不断放大，直到MACD指标的两条线都再创新低，成功化解了底背离形态。此后，股价在7月6日见到短线最低点后探底回升，考虑到第二天的周末就是农历小暑节气，这一天可以获利平仓了。

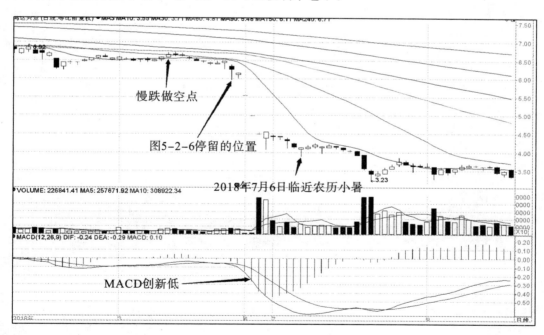

图 5－2－7

三、长周期空中加油做空战法实战运用

1. 大盘指数的做空机会。

由于长周期空中加油做空战法要求形成空头排列的均线周期很长，在日K线图上

必须要有长时间的下跌趋势才能形成这样的机会。2018 年的大盘几乎是一路向下，这一段时间的大盘走势图上，长周期空中加油做空战法所需的均线系统形成了长时间的空头排列，下面来看看这段时间的走势。

图 5—2—8 是上证指数（000001）2017 年底至 2019 年初的日 K 线图，可以看到从 2018 年 6 月初开始长周期空中加油做空战法所需的均线系统形成了空头排列，此后基本延续到 2018 年底，其间 MA10 多次上穿 MA30，但是都没有上穿 MA60，空头趋势不变，直到 2019 年初 MA10 上穿 MA60 后，这一趋势才被破坏。但在这一阶段中，大盘的下跌不算流畅，此时我们可以通过缩小周期来寻找做空大盘指数的机会，下面看一个案例。

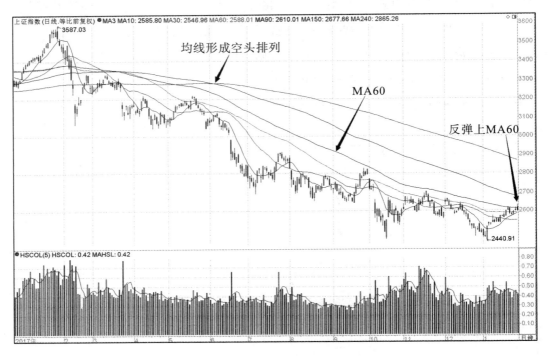

图 5—2—8

图 5—2—9 是上证指数（000001）2018 年 6 月 6 日至 7 月 12 日的 30 分钟 K 线图，可以看到从 2018 年 6 月 14 日开始，长周期空中加油做空战法所需的均线系统形成了空头排列，此后指数大跌创新低后反弹，从 6 月 20 日下午开始，连续五根 K 线反弹，KDJ 指标的 J 值都达到 100 以上，形成了不错的慢跌做空点。此后，大盘指数再次走弱，并在 6 月 22 日大幅低开创新低，此时 MACD 指标形成底背离，KDJ 指标跌至 0 以下的超卖状态，此处应该选择平仓买入，三个交易日做空获利极为丰厚。

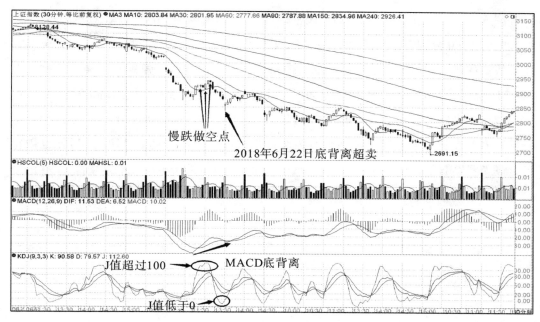

图 5—2—9

2. 个股的做空机会。

运用长周期空中加油做空战法在可以做空的个股上面，也可以寻找到不错的做空盈利机会，下面看一个大盘指标股案例。

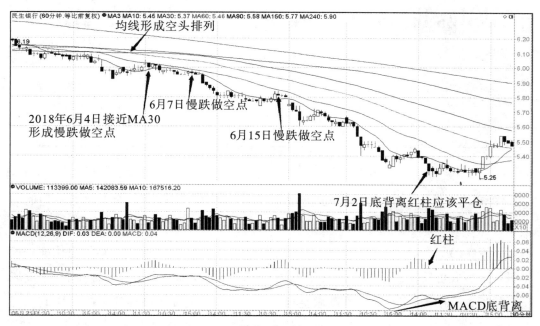

图 5—2—10

图 5－2－10 是融资融券标的股民生银行（600016）2018 年 5 月 21 日至 7 月 10 日这段时间的 60 分钟 K 线图，可以看到该股从 2018 年 6 月 1 日开始，长周期空中加油做空战法的各条均线形成了流畅的空头排列，此后股价缓慢反弹到 6 月 4 日连续接近MA30，形成了标准的慢跌做空点。此后，股价逐渐走弱，在 6 月 7 日和 6 月 15 日再次形成慢跌做空点。随后，股价开始持续下跌，不断创新低，刚创新低时虽然 MACD指标有底背离的迹象，但绿柱在持续放大，可以继续持有，此后 MACD 指标也创新低。到 7 月 2 日的最后一小时股价再创新低之时，MACD 指标已经底背离，而且仍是红柱，此时应该平仓买入。

下面是一个小盘个股做空的案例。

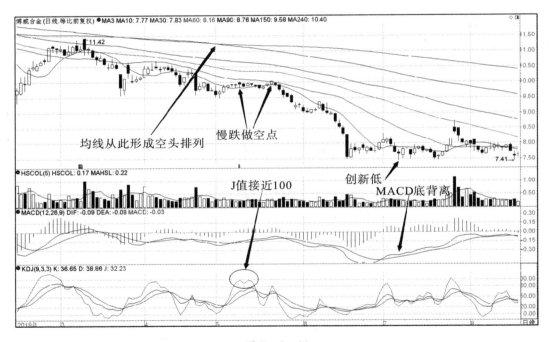

图 5－2－11

图 5－2－11 是融资融券标的股博威合金（601137）2018 年 2 月至 8 月一段时间的走势图，可以看到该股从 2018 年 5 月初开始，长周期空中加油做空战法的各条均线形成了流畅的空头排列，随着 2018 年 5 月 3 日股价创新低，MACD 指标也比前一波更低，此后股价反弹到 5 月 10 日造成 KDJ 指标的 J 值从前一个交易日的 91 涨到 99 以上，接近 100，形成了标准的慢跌做空点。此后，股价继续弱势震荡，在 5 月 14 日 J值达到了 98 以上，再次形成慢跌做空点；5 月 22 日股价反弹到 MA30 附近，虽然 J

值离 100 较远，但又是一次慢跌做空点。此后，股价开始持续下跌，并很快创新低，刚创新低的时候虽然 MACD 指标有底背离的迹象，但绿柱在持续放大，可以继续持有，此后 MACD 指标也跟随创新低。到 7 月 6 日股价再创新低之时，MACD 指标已经底背离，而且放出红柱，当天应该平仓买入。

　　下面看一个中小板个股做空的案例。

　　图 5—2—12 是融资融券标的股亿帆医药（002019）2018 年 6 月至 10 月一段时间的走势图，可以看到该股从 2018 年 6 月下旬开始，长周期空中加油做空战法的各条均线形成了流畅的空头排列，图中标示了 8 月 28 日反弹形成的慢跌做空点，这一天 KDJ 指标的 J 值也达到了 100 以上，是一个非常标准的做空点。此后股价连跌三天，8 月 31 日创新低，同时 MACD 指标底背离，仍是红柱，此时应该平仓买入股票，三个交易日获利达到 10% 以上。

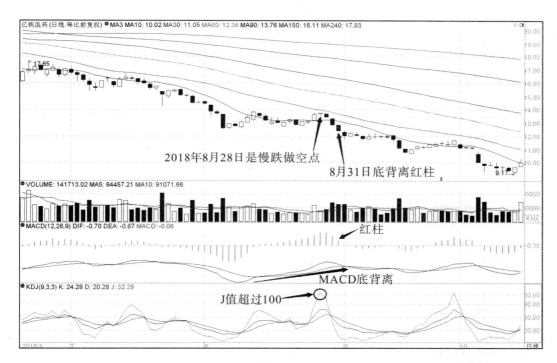

图 5—2—12

　　下面是一个创业板个股做空的案例。

　　图 5—2—13 是融资融券标的股神州泰岳（300002）2018 年 5 月 14 日至 7 月 2 日这段时间的 60 分钟 K 线图，可以看到该股从 2018 年 5 月 25 日开始，长周期空中加油做空战法的各条均线形成了流畅的空头排列，此后股价再创新低并弱势横盘到 6 月 7 日才逐

渐接近 MA30，形成了连续多个标准的慢跌做空点。此后，股价先是缓慢走弱，在 6 月
13 日开始突然加速向下暴跌，不断创新低，MACD 指标刚开始创新低时出现了底背离形
态。不过，随着股价持续下跌，MACD 指标也随之创新低，底背离形态得到了成功的化
解。同时，在股价不断下跌期间，KDJ 指标也屡屡出现 J 值跌至 0 以下的超卖形态，但
是股价连续触及跌停板，因此可以继续持股观察，而 KDJ 指标连续钝化后不再灵敏，到
6 月 22 日第一小时出现了放量反弹的大阳线，此时应该平仓买入。

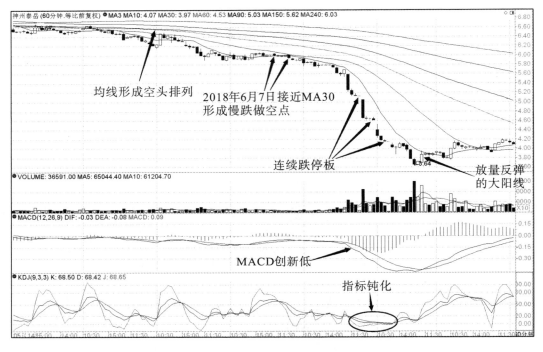

图 5—2—13

需要特别指出的是，在上一节中，我分析神州泰岳在同样的一段时间内，日 K 线
图上空中加油做空战法也给出了卖出信号。从这里可以看到，在 60 分钟 K 线图上使
用慢跌做空战法也能很好地把握住这一波行情，两种做空战法都取得了相同的效果。

 ## 第三节　实战做空技巧及案例分析

前面我们提到，目前 A 股市场实现做空主要有三种手段，如何开通做空账户各个证券

公司或者期货公司都有详细说明，另外国内外其他资本市场还有一些可以做空的主流品种，本节也会一并介绍。下面我就结合具体案例详细介绍各种做空机制的实战操作技巧。

一、融券做空个股

截至 2019 年 8 月初，A 股市场实行融资融券的个股已经扩大到 1600 只，各个股票软件中都有融资融券板块，可以很方便地查到所有可以融券卖出的股票。但是，要想融券卖出做空，还需要询问开户所在的证券公司是否有该股的库存，因为即使有了可以做空的股票，数量可能还会受到证券公司库存数量的限制。所以融券做空的方式在我国股市并不是简便、常用的一种方式。融券做空主要针对一些大盘蓝筹股，很多小市值个股就算被纳入了融资融券标的，可能实际上证券公司也无法提供融券份额。最近几年，由于市场反复下跌，形成下跌趋势的个股比比皆是，能够使用做空战法把握的机会较多，下面我们来看一只大盘个股在日 K 线图上使用空中加油做空战法的机会。

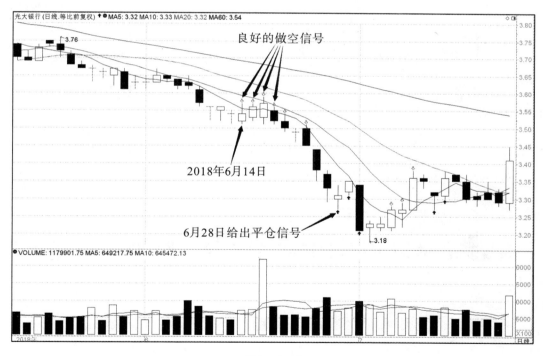

图 5—3—1

图 5—3—1 是融资融券标的股光大银行（601818）2018 年 5 月至 7 月一段时间的走势图，可以看到该股从 6 月 14 日开始，反弹到空中加油狙击点连续出现卖出箭头信

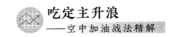

号，在 3.57 元形成了良好的做空机会，此后连续几天下跌并创新低，在 6 月 28 日给出了买入箭头信号，按照收盘价 3.31 元选择平仓，可以获利 7％以上。

下面再看一只小盘股在日 K 线图上使用空中加油做空战法的机会。

图 5—3—2 是融资融券标的股火炬电子（603678）2018 年 2 月至 9 月一段时间的走势图，可以看到该股在 8 月 31 日股价创出最近半年新低，均线系统也形成了流畅的空头排列，四条均线的方向全部向下，在图中最后一天即 9 月 10 日，均线之间的距离也符合下线距小于中线距、中线距小于上线距的空中加油卖出条件，这一天股价高点运行在 MA5 和 MA10 之间，进入了空方的空中加油狙击点，系统给出了良好的做空点。我们来看看该股后期的走势。

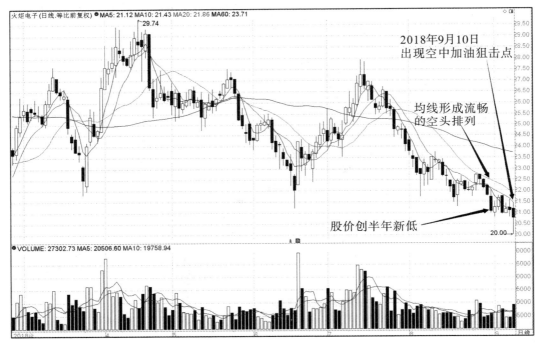

图 5—3—2

图 5—3—3 是火炬电子（603678）在出现了完全符合空中加油做空战法的做空条件之后一段时间的走势图，可以看到该股在 9 月 10 日之后连续下跌，9 月底曾经连续三天反弹站上 MA10，但是第三天收盘又重新大跌创新低，此时应该继续持有，10 月 19 日出现低位放量大阳线，此时空方应该买入平仓。一个多月的下跌幅度达到 30％以上获利。

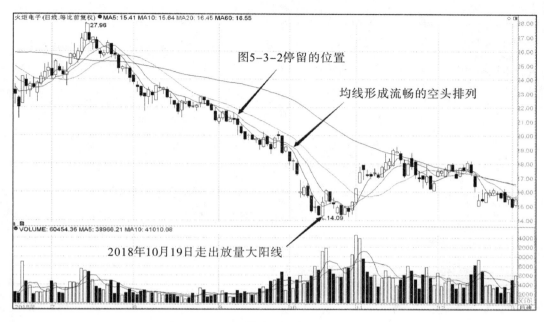

图 5—3—3

由于大盘或个股的下跌会导致绝大多数参与方亏损，所以市场的下跌行情往往都不流畅，对于个股做空，在日 K 线图上其实不容易看到非常标准的机会，因此，我们可以在 60分钟 K 线图上寻找机会，这样转换后，做空获利的机会就会增加很多，下面看一个案例。

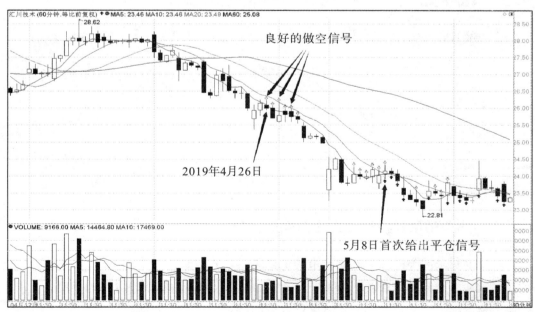

图 5—3—4

图5—3—4是融资融券标的股汇川技术（300124）2019年4月12日至5月15日的60分钟K线图，可以看到该股从4月26日下午开始，反弹到空中加油狙击点并连续出现卖出箭头信号，在26元左右形成了良好的做空机会，此后连续几天下跌创新低，在5月8日首先给出了买入箭头信号，按照收盘价24.15元选择平仓，可以获利7％以上。

下面再看一个在30分钟K线图上运用慢牛走势做空战法的案例。

图5—3—5是融资融券标的股苏交科（300284）2019年4月17日至5月10日的30分钟K线图，可以看到该股在4月25日上午反弹到慢跌做空点，KDJ指标的J值也达到了100以上，此后股价持续下跌并成功化解了MACD指标底背离的形态，直到5月6日大幅低开，再次造成MACD指标底背离并且还是红柱，此时应该平仓买入股票，短期可以获利10％以上。

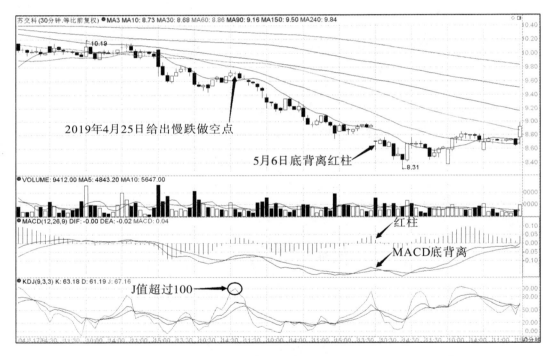

图5—3—5

二、用股指期货做空三大指数案例分析

股指期货是国际通用的做空股市的最佳工具，我国推出股指期货之后，受到市场的热烈欢迎，交易非常活跃，为投资者做多、做空大盘指数提供了良好的手段。目前，A股市场已经推出了跟踪三大不同风格指数的股指期货，下面就来看看利用三大股指

期货的做空机会。

1. 沪深 300 股指期货案例分析。

沪深 300 股指期货跟踪的指数是沪深 300 指数，代表了沪深两市大中盘蓝筹股的走势，它也是我国第一个推出的股指期货品种，同时也是目前市场上交易最活跃的股指期货品种。

下面来看一个沪深 300 股指期货在 30 分钟 K 线图上运用空中加油做空战法的案例。

图 5－3－6 是沪深主连（IFL8）2019 年 7 月 23 日至 8 月 12 日的 30 分钟 K 线图，可以看到从 2018 年 8 月 2 日开始，均线系统形成了空头排列，当天尾盘最后两根 K 线反弹回到了空中加油狙击点，系统给出了做空卖出箭头信号，此后股指期货合约连续下跌，8 月 6 日开盘后第二根 30 分钟 K 线继续下跌造成了 KDJ 指标超卖，其 J 值降至 0 以下，在连续下跌后出现这种状况就是趋势即将结束的信号，应该平仓买入股指期货合约。短短两个交易日获利空间 161 点，幅度为 4.3%，股指期货一般具有 10 倍杠杆，获利幅度可达 40% 以上。

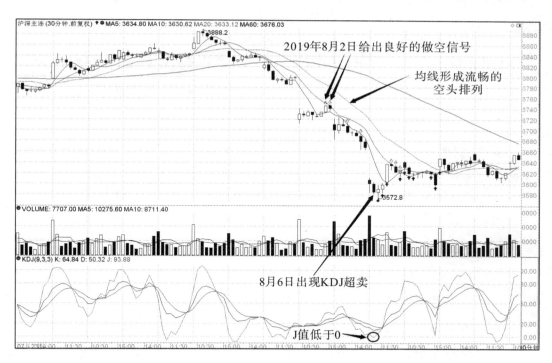

图 5－3－6

下面再来看看沪深 300 股指期货在 60 分钟 K 线图上运用慢牛走势做空战法的案例。

图 5－3－7 是沪深主连（IFL8）2018 年 5 月 31 日至 7 月 18 日的 60 分钟 K 线图，可以看到从 2018 年 6 月 19 日开始，慢牛走势做空战法所需的均线系统形成了空头排列，但是此

后的下跌途中，股价都没有回到 MA30 附近，也没有出现 KDJ 指标的 J 值达到 100 附近的情况，直到 6 月 29 日最后一小时，股指期货合约反弹到了离 MA30 较近的位置 3476 点，KDJ 指标的 J 值同时达到 100 以上，形成了良好的慢跌做空点。此后，股指期货合约连跌四小时创新低，MACD 指标底背离并且仍是红柱，此时按收盘价平仓买入，点位为 3352，一个交易日获利 124 点，幅度为 3.5％，但是因为股指期货具有杠杆功能，获利幅度更大。

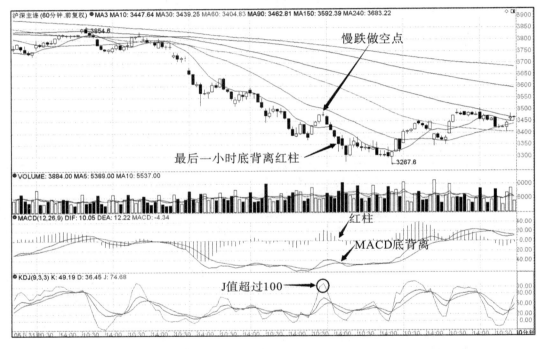

图 5—3—7

2. 上证 50 股指期货案例分析。

上证 50 股指期货跟踪的标的指数是上证 50 指数，主要代表了市场上的超级大盘股的走势，其走势对大盘影响非常大。下面来看一个上证 50 股指期货在 10 分钟 K 线图上运用空中加油做空战法的案例。

图 5—3—8 是上证主连（IHL8）2018 年 2 月 6 日至 12 日的 10 分钟 K 线图，可以看到股指期货合约在下跌途中连续给出了做空卖出箭头信号，其中有一些无效信号，但图中标出了几个明确无误的空中加油狙击点，都是非常良好的做空机会，此后股指期货合约连续下跌创新低，在 2 月 9 日 11：00 出现了大阳线反弹，此时应该平仓买入，波段获利可达 267 点左右，下跌幅度约为 0.88％，因为股指期货具有 10 倍左右的

杠杆，两个交易日获利 8.8% 左右。

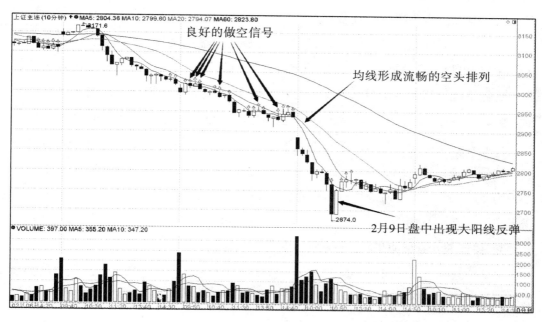

图 5—3—8

下面再来看看上证 50 股指期货在 1 分钟 K 线图上运用慢牛走势做空战法的案例。

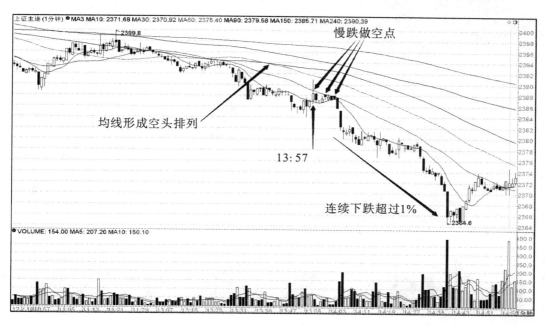

图 5—3—9

图 5—3—9 是上证主连（IHL8）2018 年 12 月 19 日上午 11 点至第二天开盘的 1 分钟 K 线图，因为股指期货合约的交易制度是 T+0，因此完全可以使用更小的周期来进行操作，加之上证 50 股指期货跟踪的是大盘蓝筹股为主的指数，平时波动不大，所以这里用最小的 1 分钟 K 线图来寻找其中的机会。可以看到，图中标出了慢牛走势做空战法所需的均线系统形成的空头排列，此后股指期货合约再创新低后开始反弹，在 13：57 反弹到了 MA30 附近，上影线短暂突破 MA30，但收盘又回到 MA30 下方，此后连续几分钟都在 MA30 附近 2387 点震荡，形成了良好的慢跌做空点，此后股指期货合约连续下跌创新低，经过 40 分钟最低点跌至 2365 点，下跌幅度约为 1％，因为股指期货具有杠杆功能，作为一笔日内交易，这一获利幅度算不错了。

3. 中证 500 股指期货案例分析。

中证 500 股指期货跟踪的是中证 500 指数，它主要代表了市场上占大多数的小盘股的走势，它的走势决定了大多数个股的涨跌。下面来看一个中证 500 股指期货在 30 分钟 K 线图上运用空中加油做空战法的案例。

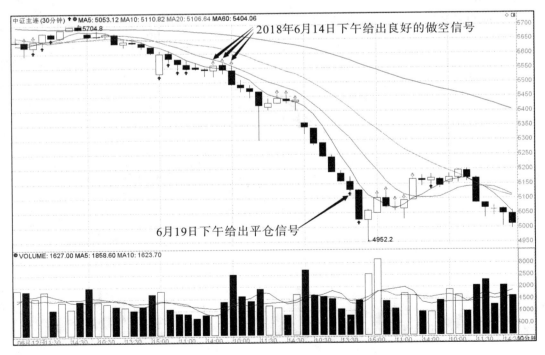

图 5—3—10

图 5—3—10 是中证主连（ICL8）2018 年 6 月 12 日至 6 月 21 日的 30 分钟 K 线图，可以看到股指期货合约在下跌初期，连续三根 K 线给出了良好的卖出箭头信号，此后开始连续下跌，直到 6 月 19 日 14：00 这一根 K 线给出了平仓买入箭头信号，此时平仓可以获利 434 点左右。虽然平仓后还有一定下跌空间，不过主要的下跌行情已经赚到了，见好就收不失为锁定利润的好办法。此后，股指期货合约很快探底企稳，开始反弹。

下面再来看看中证 500 股指期货在 5 分钟 K 线图上运用慢牛走势做空战法的案例。

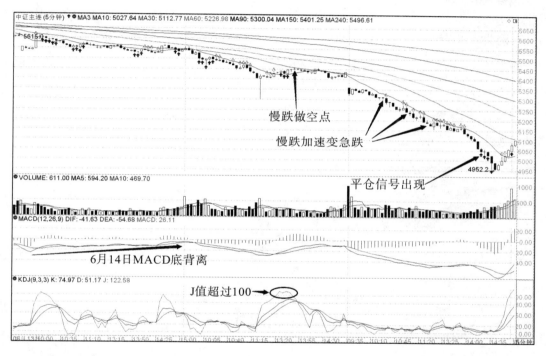

图 5—3—11

图 5—3—11 是中证主连（ICL8）2018 年 6 月 13 日至 6 月 20 日的 5 分钟 K 线图，这里用较小的 5 分钟 K 线图来寻找其中的机会。可以看到 6 月 14 日盘中的下跌造成了 MACD 指标底背离，所以当时的机会都应该放弃。6 月 15 日，股指期货合约再创新低，并且 MACD 指标的两条线也跟着创新低，此后反弹到 MA30 附近的 5450 点，KDJ 指标的 J 值也连续达到 100 以上，形成了良好的慢跌做空点。当天，股指期货合约没有太大波动，但第二天就开始了连续下跌，长时间没有回到 MA10 上方，6 月 16 日慢跌已经变为了急跌，符合空中加油做空战法的平仓买入条件。图中已经给出了相应的买卖箭头信号，可以看到股指期货合约在跌至 5050 点的时候出现了买入箭头信

号，此时应该选择平仓买入，两个交易日的下跌幅度超过7%，因为股指期货具有杠杆功能，这一笔交易的获利幅度可以说非常大。

三、利用认沽期权做空上证 50ETF 案例分析

最近两年上证 50ETF 期权的交易非常火爆，期权这一工具逐渐成为投资者做多、做空大盘指数的新手段，它的特征和股指期货相比主要有本金需求小、杠杆更大、亏损有限等特点。这里对上证 50ETF 期权不做过多介绍，主要论述如何通过这一工具进行做空操作。

因为上证 50ETF 期权对应的标的物是上证 50ETF 基金，其走势也会严格跟随基金的走势而波动，所以我们平时不需要分析上证 50ETF 期权的走势，只需要分析上证 50ETF 基金的走势，然后再选择合适的看涨或看跌期权进行操作。下面默认选择的上证 50ETF 期权都是 20 倍杠杆，我们再来看相应的做空方法。先看一个运用空中加油做空战法在 60 分钟 K 线图上捕捉的短线机会。

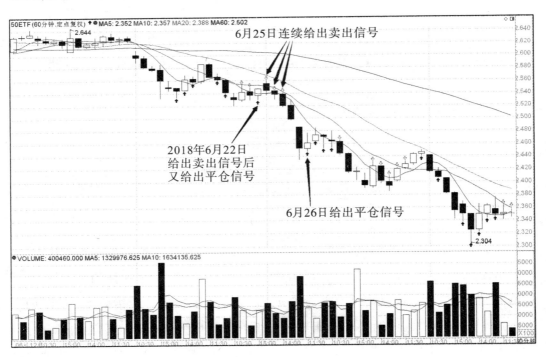

图 5—3—12

图 5—3—12 是上证 50ETF 基金（510050）2018 年 6 月 12 日至 7 月 4 日的 60 分钟 K 线图。可以看到首次出现做空箭头信号是在 6 月 22 日盘中，系统连续两小时给出了卖出箭头

信号，但在当天收盘最后一小时又出现了买入平仓信号，因为当时 MA10 向上拐头了，不过这没有关系，当时波动并不大，亏损也不大。到了下一个交易日即 6 月 25 日，连续三小时系统都给出了卖出箭头信号，这是非常好的一次做空机会，当时的价格在 2.55 元左右。此后，该基金盘中连续下跌创新低，并在 6 月 26 日跌至 2.45 元左右之时给出了买入箭头信号，此时可以选择平仓。从 2.55 元跌至 2.45 元，下跌幅度为 3.92%，如果投资者选择的是 20 倍杠杆的上证 50ETF 期权，两个交易日的获利幅度可以达到惊人的 78.4%。

下面再看一个运用空中加油做空战法在 30 分钟 K 线图上捕捉的短线机会。

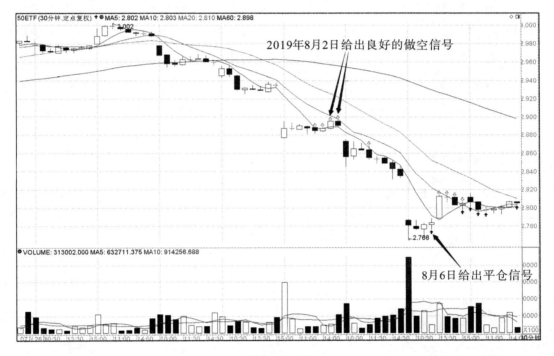

图 5—3—13

图 5—3—13 是上证 50ETF 基金（510050）2019 年 7 月 26 日至 8 月 7 日的 30 分钟 K 线图。可以看到系统首次出现做空箭头信号是在 8 月 2 日盘中的 13：30，连续四根 K 线给出了卖出箭头信号，前两个信号因为基金价格离 MA5 太近还不太明显，后面两个信号基金价格就明显进入了 MA5 和 MA10 之间，形成非常好的一次做空机会，当时的价格在 2.895 元左右。此后，该基金盘中连续下跌创新低，并在 8 月 6 日跌至 2.784 元左右时给出买入箭头信号，此时应该选择平仓。从 2.895 元跌至 2.784 元，下跌幅度为 3.83%，如果投资者选择的是 20 倍杠杆的上证 50ETF 期权，两个交易日的获利幅度就可以达到 76.6%。

四、其他可以做空品种案例分析

市场上面还有许多可以进行做空交易获取利润的品种，最常见的就是国内的商品期货，下面来看一个在 15 分钟 K 线图上，使用慢牛走势做空战法操作上海期货交易所商品期货的案例。

图 5—3—14 是上海期货交易所的商品期货品种螺纹 1910（RB1910）2019 年 7 月 29 日至 8 月 12 日的 15 分钟 K 线图，商品期货合约的交易制度也是 T＋0，因此完全可以使用小周期来进行操作。可以看到图中标出了 8 月 2 日和 8 月 5 日期货合约两次反弹接近 MA30 附近，前一次 KDJ 指标的 J 值也连续达到 100 以上，形成了良好的慢跌做空点。此后，期货合约基本沿着 MA30 震荡向下，直到 8 月 7 日再创新低之后 MACD 指标底背离，此时我们应该选择平仓买入。从慢跌做空点附近的 3820 元，到平仓位置的 3700 元，下跌幅度大概是 3.14％，因为商品期货具有杠杆功能，按照 10 倍杠杆来算，这一笔交易的获利幅度可以达到 30％以上。

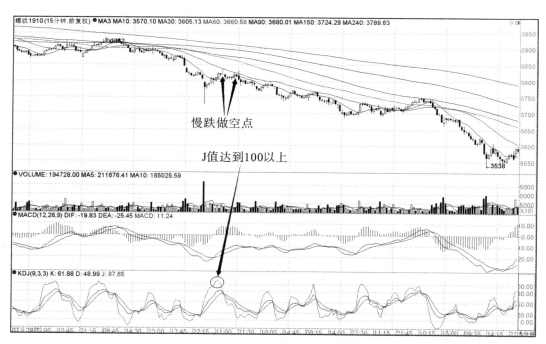

图 5—3—14

下面再看一个在 15 分钟 K 线图上使用空中加油做空战法操作郑州商品交易所的商品期货的案例。

　　图 5－3－15 是郑州商品交易所的商品期货品种苹果 1910（AP1910）2019 年 7 月 19 日至 7 月 26 日的 15 分钟 K 线图。7 月 23 日盘中期货合约连续 8 次回到空中加油狙击点，系统给出了良好的做空机会。此后期货合约开始连续大跌，在当天尾盘就出现了买入箭头信号，这是第三类平仓信号，此时应该选择平仓买入。从第一次空中加油狙击点的 9532 元，到平仓位置的 9267 元，下跌幅度大概是 2.78％，因为商品期货具有杠杆功能，按照 10 倍杠杆来算，这一笔日内交易的获利幅度可以达到 27.8％。

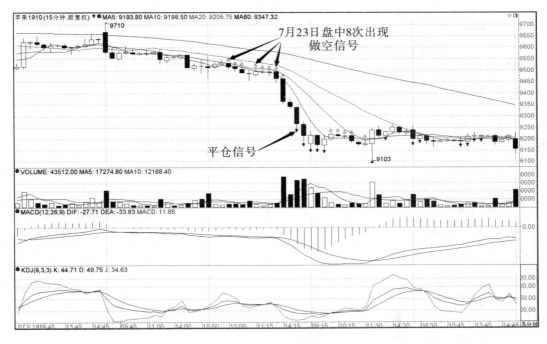

图 5－3－15

　　下面再看一个在 30 分钟 K 线图上使用空中加油做空战法操作大连商品交易所商品期货的案例。

　　图 5－3－16 是大连商品交易所的商品期货品种乙烯 1909（L1909）2018 年 10 月 22 日至 11 月 7 日的 30 分钟 K 线图。如图所示，10 月 25 日出现了一个无效的做空信号，此后系统给出的平仓买入箭头信号都可以忽略。随后，期货合约再次下跌创新低，再反弹到空中加油狙击点，从 10 月 29 日最后一小时开始，系统先后十余次给出做空卖出箭头信号，形成了良好的做空机会。此后，期货合约持续下跌创新低，直到 11 月 1 日第二小时系统给出平仓买入箭头信号，这是第三类平仓信号，此时可以选择平仓买入。从第一次空中加油狙击点的 8890 元，到平仓位置的 8720 元，下跌幅度约为 1.91％，按照商品

期货平均的 10 倍杠杆来算，这一笔交易四天时间的获利幅度达到 19.1％。

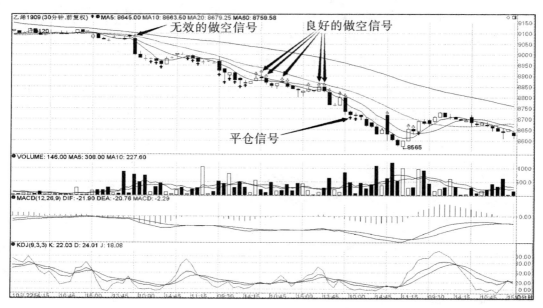

图 5—3—16

国际市场上面常见的可以做空的交易品种就是外汇，国与国之间外汇市场的成交量极大，而且可以使用 100 倍甚至更高的杠杆，我们的交易方法对外汇交易依然是适用的。下面来看一个在 30 分钟 K 线图上使用空中加油做空战法操作外汇的案例。

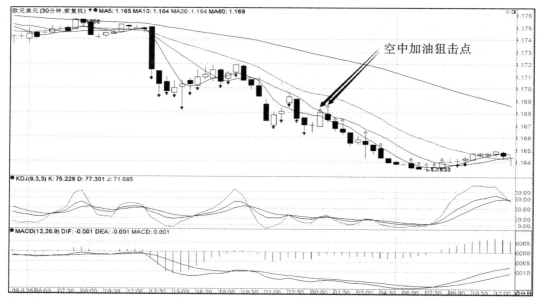

图 5—3—17

　　图5－3－17是外汇品种欧元美元（111005）2018年2月26日至9月28日的30分钟K线图。图中标示出9月27日凌晨连续出现的两次空中加油狙击点，系统给出了良好的做空机会。此后，该外汇品种开始连续下跌，从左侧的价格显示可以看到从1.168跌到了1.164下方，8小时左右跌幅达到0.4％，因为外汇杠杆一般都在100倍左右，这一笔日内交易的获利幅度可以达到40％。